UNE GUERRE PERDUE

Du même auteur :

L'Afrique, nouvelle frontière du djihad ?, La Découverte, 2018.
Déconstruire la guerre. Acteurs, discours, controverses, Éditions Fondation de la Maison des Sciences de l'Homme, 2018.
La Tragédie malienne (dir.), Vendémiaire, 2013.
Les Humanitaires dans la guerre : des idéaux à l'épreuve de la politique, La Documentation française, Études, 2013.
Diaspora et terrorisme, Presses de Sciences-Po, 2003.
L'Aide humanitaire, aide à la guerre ?, Bruxelles, Complexe, 2001.

www.editions-jclattes.fr

Marc-Antoine
Pérouse de Montclos

UNE GUERRE PERDUE

La France au Sahel

JC Lattès

Maquette de couverture : Le Petit Atelier

ISBN : 978-2-7096-6603-9

Ce livre est dédié à ma mère, infatigable voyageuse décédée des suites d'une longue maladie le 29 décembre 2018. Ma pensée va aussi à Didier de Montclos, un grand-oncle que j'ai peu connu mais qui a créé le plus gros lycée du Mali à Sikasso, où il est enterré.

Sommaire

Une guerre perdue

TROISIÈME PARTIE :
LES EFFETS INDÉSIRABLES

Pourquoi la France
doit quitter le Mali

Janvier 2013 : l'armée française intervient au Mali. C'est officiellement sa plus grosse opération militaire à l'étranger depuis la guerre d'Algérie. Je ne suis pas le seul à être surpris. Un mois auparavant, le président François Hollande avait annoncé que la France n'enverrait pas de soldats au Mali. À l'époque, l'objectif était seulement d'appuyer une éventuelle opération de paix des Nations unies pour rétablir l'ordre à Bamako, où des mutins avaient pris le pouvoir, avant d'essayer de repartir à la conquête des territoires du Nord tombés dans l'escarcelle de groupes djihadistes.

À peine sortie de l'opération Licorne en Côte d'Ivoire, l'armée française allait faire exactement l'inverse. Elle partit d'abord à l'assaut des djihadistes avant d'accompagner le retour à un ordre constitutionnel à Bamako. Le ton martial de l'Élysée était d'autant plus étonnant que le président n'avait pas la réputation d'être un foudre de guerre. Comme son prédécesseur Nicolas Sarkozy, François Hollande avait officiellement proclamé la fin de la « FrançAfrique » et adopté les mots d'ordre de la communauté internationale en vue de promouvoir « des solutions africaines aux problèmes africains ». Dans un tel contexte, l'idée n'était sûrement pas de voir l'ancienne puissance coloniale débarquer des milliers de soldats pour suppléer aux défaillances de l'État malien.

D'emblée cette intervention militaire me met mal à l'aise. Je ne suis pas antimilitariste et je considère que les opérations Artemis en Ituri en 2003 et Sangaris en Centrafrique en 2013 ont plutôt été des réussites. Je ne suis pas non plus encarté dans un parti politique et, sur le principe, je n'ai pas d'aversion particulière à m'entretenir avec des hommes ou des femmes politiques de droite comme de gauche, pour peu que le dialogue soit équilibré sur la base d'une écoute mutuelle. En tant que chercheur, j'essaie surtout de rester le plus objectif possible.

Alors d'où me vient cette répugnance pour l'opération Serval, le nom que les militaires français ont donné à leur intervention au Mali ? D'abord d'un sentiment d'infaisabilité : je suis profondément convaincu que le déploiement de soldats en provenance de l'ancienne puissance coloniale est condamné à l'échec lorsqu'il s'agit de mener une guerre longue contre des groupes insurrectionnels. De plus, je constate très vite une forme d'autisme de la part de la classe dirigeante. La France républicaine et laïque a le beau rôle : elle combat la barbarie djihadiste. Il n'y a donc pas lieu de la critiquer, à moins d'être un « idiot utile » de l'islamisme – voire de se rendre complice des insurgés comme l'avait laissé entendre le ministre de l'Intérieur Manuel Valls à propos de certains sociologues dont les analyses avaient été accusées de complaisance parce qu'elles revenaient prétendument à excuser ou disculper les terroristes en cherchant à les comprendre.

Ma position n'est pas facile à défendre alors qu'à gauche comme à droite on fait preuve de patriotisme et on approuve l'opération Serval. J'incarne la figure de l'oiseau de malheur. Dans des tribunes publiées début 2013 dans *Libération* et *Le Figaro*, afin de couvrir un large spectre politique, je prédis l'ensablement d'une intervention militaire qui consiste « à se substituer à un État et une armée défaillants[1] ». À sa manière, la poussée djihadiste dans le nord du Mali ne constitue jamais qu'un des symptômes les plus visibles de la crise structurelle de l'État dans la région. C'est aussi le constat auquel arrivent les spécialistes et collègues qui ont participé à un livre collectif écrit dans l'urgence[2]. Avec un appel à contributions lancé peu après le début de l'opération Serval, en janvier 2013, et des manuscrits reçus trois mois plus tard, notre ouvrage

---

1. *Libération*, 4 mars 2013, p. 20 ; *Le Figaro*, 18 mars 2013, p. 21.
2. Gonin, Patrick, Kotlok, Nathalie & Pérouse de Montclos, Marc-Antoine (dir.), *La Tragédie malienne*, Paris, Vendémiaire, 2013, 343 p.

sort en librairie le jour de l'élection du président Ibrahim Boubacar Keita à Bamako en juillet suivant : un temps record pour les standards habituels du monde académique, mais nos analyses ne sont guère entendues des politiques.

À l'Élysée, le président François Hollande et son ministre de la Défense Jean-Yves Le Drian sont à la manœuvre et restent complètement focalisés sur la menace terroriste djihadiste. Les diplomates qui, comme Laurent Bigot en 2012, soulignaient le rôle joué dans la crise par la corruption de l'État malien seront renvoyés sans ménagements. Ambassadrice de France à Bamako de 2016 à 2018, Évelyne Decorps donnera quant à elle le sentiment d'être reléguée dans une sorte de « Sibérie » en étant promue préfet des Terres australes et antarctiques françaises après avoir critiqué les turpitudes du président Ibrahim Boubacar Keita et l'intransigeance de nos militaires.

La communauté académique n'est pas épargnée. La guerre menée au Sahel doit se dérouler sans témoins et les autorités françaises interdisent aux chercheurs d'aller dans les zones de conflit. Je devrai moi-même renoncer à mes fonctions de rédacteur en chef de la revue *Afrique contemporaine* quand l'organisme public qui la finançait, l'AFD (Agence française de développement), décidera de suspendre *sine die* la parution d'un numéro consacré aux conflits du Mali. Le professeur canadien qui coordonnait ce dossier y constatait en effet l'échec de la communauté internationale à résoudre les problèmes de fond d'un « État prédateur et corrompu ». Mais une telle analyse ne plaisait guère au nouveau directeur de la revue, Thomas Mélonio, un ancien responsable de la cellule Afrique du président François Hollande. L'affaire provoquera la démission d'une partie du conseil scientifique d'*Afrique contemporaine* et fera la une du *Monde* le 29 mars 2019[1].

La question méritait pourtant d'être posée : l'intervention militaire de la France était-elle vraiment la réponse la plus adaptée au défi djihadiste au Sahel ? Rien n'est moins sûr. Indéniablement, certaines interventions militaires de la France au sud du Sahara ont pu présenter un bilan globalement satisfaisant. Moins médiatisées que le dispositif Barkhane, qui a pris le relais de l'opération Serval en 2014, les opérations Artemis en Ituri en 2003 et Sangaris en Centrafrique en 2013 ont ainsi enrayé une spirale de violence qui risquait de dégénérer en massacres inter-communautaires à grande échelle. Elles n'ont certes pas tout résolu. Mais elles ont permis d'éviter le pire et, surtout, elles ne se sont pas éternisées, à la différence du cas malien. En privé, des militaires français reconnaissent d'ailleurs que l'opération Serval, qui a démarré en janvier 2013, aurait dû se terminer au bout de six mois, la période légale au cours de laquelle l'exécutif peut engager l'armée sans demander l'autorisation du Parlement.

---

1. On peut lire les articles incriminés dans un numéro spécial de la *Revue canadienne des Études africaines*, qui a décidé de se saisir du dossier.

Les fondements mêmes de l'intervention au Mali font débat. Le récit officiel veut que, le 7 janvier 2013, des pick-up chargés de djihadistes se soient ébranlés en direction de la petite localité de Konna, dont les insurgés allaient s'emparer trois jours plus tard. À l'époque, on est dans le « brouillard de la guerre ». On ne pourra jamais préciser combien d'hommes sont vraiment en mouvement car les nuages de poussière soulevés par les véhicules ne permettent pas d'identifier clairement les effectifs des rebelles. Mais on sait que les combattants viennent du nord du Mali, où ils se sont emparés du pouvoir à Tombouctou, Gao et Kidal quelques mois plus tôt. De plus, Konna est proche de la base militaire de Sévaré, qui protège la ville de Mopti. Celle-ci est présentée comme le dernier verrou stratégique avant que la déferlante djihadiste ne s'empare de Bamako, à près de 700 kilomètres de là. Il faut donc agir rapidement. Sinon, les insurgés vont renouveler les exploits des talibans entrant à Kaboul le 27 septembre 1996. Le scénario est dantesque. Une fois Bamako tombé, d'autres capitales pourraient suivre : Niamey, Ouagadougou, Nouakchott... À terme, c'est tout le « Sahelistan » – pour reprendre une formule à la mode – qui pourrait tomber dans l'escarcelle des « fous de Dieu ».

Heureusement, la France veille au grain. En montant l'opération Serval, elle va sauver le Mali de ses tourments et le monde occidental du péril djihadiste. C'est tout au moins la façon dont le président

François Hollande et son ministre de la Défense, Jean-Yves Le Drian, présentent les choses. Mais les partenaires de la France ne l'entendent pas tous ainsi. Si l'Union africaine approuve l'intervention militaire de l'ancienne puissance coloniale dans son pré carré francophone, les armées de ses États membres s'impliquent peu sur le terrain, à l'exception du Tchad, dont le régime autoritaire essaie à cette occasion d'améliorer sa réputation à l'international. Quant aux pays de l'Union européenne, ils ne font pas un diagnostic aussi alarmiste de la situation et ils refusent de payer la facture que Paris leur présente pour avoir protégé le Vieux Continent de la déferlante djihadiste… et migratoire. Les États-Unis, eux, ne se font aucune illusion sur la corruption du gouvernement malien et sa capacité à lutter contre le terrorisme. Un mois avant le début de l'opération Serval, leur représentante aux Nations unies, l'ambassadrice Susan Rice, décrit tout simplement comme de la « merde » (*crap*) les plans français de reconquête militaire du Septentrion malien[1].

Quelles étaient donc les options envisagées et envisageables pour le président François Hollande en janvier 2013 ? Il faudra un jour que les historiens dépouillent les archives de l'Élysée et de l'armée française pour nous aider à décrypter le récit dominant à l'époque. Les djihadistes de Konna étaient-ils

---

1. Lynch, Colum [11 déc. 2012], « Rice: French Plan for Mali Intervention Is "Crap" », *Foreign Policy*.

vraiment en mesure de descendre jusqu'à Bamako à bord de deux ou trois centaines de pick-up ? En Irak le 10 juin 2014, les combattants de l'État islamique ont réussi à s'emparer de Mossoul avec un nombre équivalent de véhicules. Mais ils avançaient en terrain conquis car la ville était acquise aux réseaux sunnites et baasistes qui voulaient en découdre avec Bagdad et les Américains. Ce n'était pas du tout le cas à Bamako, où l'on détestait les Touaregs du Nord.

À Tombouctou, ville dix fois moins peuplée que la capitale du Mali, les djihadistes avaient en fait réussi à prendre le pouvoir en tirant parti de griefs fort anciens contre les abus du pouvoir central. Ils n'auraient pas pu tenir le terrain si leur projet politico-religieux n'avait pas, à sa manière, exprimé les aspirations séparatistes ou autonomistes d'une partie de la population locale, notamment celles des Touaregs. Il n'est pas évident à cet égard que les djihadistes du septentrion malien auraient pu s'emparer de Bamako si l'armée française ne leur avait pas bloqué la route de la capitale. On pourrait même arguer qu'un scénario à l'afghane était pour le moins improbable. En 1996, les talibans avaient pris Kaboul grâce au soutien des milieux commerçants et des habitants soucieux de se débarrasser des seigneurs de guerre qui les tourmentaient. D'une certaine manière, les djihadistes du nord du Mali en 2012 ont également gagné la sympathie d'une partie de la population de Tombouctou car ils ont su y rétablir l'ordre et mettre un terme aux pillages. Mais la configuration était très différente à Bamako début 2013.

Malgré le coup d'État qui avait renversé le gouvernement, l'administration centrale continuait en effet de (mal) fonctionner et la population était foncièrement hostile aux Touaregs qui avaient proclamé l'indépendance de l'Azawad le 6 avril 2012. Dans le pire des cas, on aurait peut-être assisté à un raid djihadiste sur la capitale malienne, suivi d'un retrait vers les positions acquises dans le Nord. Mais l'hypothèse de l'établissement d'une république islamique et d'un État terroriste à l'échelle de tout le pays est très discutable. Consciemment ou inconsciemment, les autorités françaises ont indûment dramatisé la situation. Avec les opérations Serval puis, à partir de 2014, Barkhane, elles sont tombées dans un piège et se sont enlisées dans une intervention militaire sans fin.

Certes, les actions de l'armée française au Sahel n'ont pas déclenché un nouveau Diên Biên Phu. Au Mali, nos soldats ont subi peu de pertes relativement aux précédents de l'Indochine ou de l'Algérie, sans même parler de l'expérience des Soviétiques ou des Américains en Afghanistan. À la différence de l'État islamique, qui a voulu résister jusqu'à son dernier souffle à Mossoul et Raqqa, les djihadistes ont préféré fuir les villes de Tombouctou, Gao et Kidal pour se replier plus au nord dans les massifs montagneux de l'Adrar des Ifoghas. Leur retraite a alors évité à l'armée française des combats urbains qui auraient pu être autrement plus meurtriers. La configuration

19

du théâtre d'opérations a aussi permis de ne pas se retrouver dans la position délicate des soldats de la mission de l'Union africaine en Somalie, qui, entre 2007 et 2017, ont perdu plus de 1 500 hommes en essayant de défendre la capitale, Mogadiscio, d'où les Chebab avaient été chassés par les troupes éthiopiennes fin 2006 : dans le cas du Mali, rappelons-le, les djihadistes n'avaient jamais pu occuper Bamako.

Mais le problème de l'opération Barkhane au Sahel aujourd'hui se situe à un autre niveau. Il tient en effet à l'inanité d'un engagement militaire qui est inadapté et qui entretient le conflit à cause des exactions que commettent des armées africaines équipées et formées par la France pour lutter en toute impunité contre des groupes qualifiés de terroristes. Dans la région, l'armée française ne peut en fait que colmater les brèches. Lui demander de stabiliser la situation politique à plus long terme relève de l'impossible car il faudrait alors construire un État au Mali, et pas seulement le reconstruire. Un pareil effort se projette sur plusieurs décennies et est clairement au-dessus de nos moyens[1]. De toute évidence, il sort aussi du domaine de compétence de nos soldats, à moins de les engager dans une œuvre de conquête territoriale et de recolonisation politique afin de reprendre entièrement en main l'administration du Mali !

---

1. Selon la Banque mondiale, il faut en moyenne vingt ans, parfois le double, pour reconstruire un État et retrouver un niveau « acceptable » de gouvernance au sortir d'une guerre. Cf. World Bank [2011], *Conflict, Security and Development*, Washington, DC, World Bank, p. 109.

Pourquoi la France doit quitter le Mali

Aujourd'hui, le constat est à l'échec. Les mouvances djihadistes ont proliféré et étendu leur rayon d'action en dehors du Mali. De plus, les groupes signataires des accords de paix conclus à Alger en 2015 n'ont pas désarmé. Enfin, les violences intercommunautaires se sont multipliées, le banditisme de grand chemin sévit toujours et l'État malien continue d'avoir une présence très faible en dehors des grandes villes. La question maintenant est de savoir si, pour l'armée française, il vaut mieux rester en vain, sans être en mesure d'améliorer la situation, ou bien se retirer, pour se dédouaner de toute responsabilité directe dans les événements en cours, quitte à laisser le Mali prendre lui-même en charge ses défis sécuritaires, pour le meilleur comme pour le pire.

Ce livre, on le voit, se focalise donc sur l'engagement militaire de la France et de ses alliés. Il ne préjuge en rien de la poursuite d'une aide au développement accompagnée de coopérations poussées dans les domaines linguistique, éducatif, culturel et scientifique. Autre précision d'importance, la réflexion englobe les pays de la force du « G5 Sahel » que la France essaie de mettre en place pour prendre le relais de l'opération Barkhane avec les États membres du « Groupe des cinq » : le Mali, la Mauritanie, le Burkina Faso, le Niger et le Tchad. Sont aussi évoquées les expériences d'autres luttes antiterroristes engagées avec le Nigeria contre Boko Haram autour du lac Tchad ou avec le Kenya contre les Chebab de Somalie dans la Corne de l'Afrique.

À sa manière, le cas malien illustre en effet des problématiques beaucoup plus générales sur l'ensemble de la zone. Réciproquement, les modalités de la réponse d'autres pays africains au défi djihadiste nous aident à mieux comprendre les difficultés de l'armée française dans la région aujourd'hui. Les problématiques se recoupent souvent. Deux des quatre pays membres de la coalition qui lutte contre Boko Haram, le Niger et le Tchad, combattent ainsi aux côtés de l'armée nigériane tout en faisant partie de la force dite du « G5 Sahel » qui est censée prendre le relais de la France au Mali.

UN PARI INTENABLE

CHAPITRE I

Mission impossible

Sénégal, Dakar, fin 2018

Je suis invité au forum international sur la paix et la sécurité en Afrique. Organisé depuis 2014 à l'initiative du ministre de la Défense puis des Affaires étrangères Jean-Yves Le Drian, il se tient traditionnellement à Dakar.

Pour la cinquième édition du forum, nous sommes conduits en banlieue dans les locaux flambant neufs du centre international de conférence Abdou Diouf. Comme d'habitude dans ce genre d'événement, c'est le festival off qui est intéressant. Chargé de l'Afrique à la Fédération internationale des Droits de l'Homme, Florent Geel est le premier à me parler de la « caravane de la mort » de l'armée malienne dans la région du Macina. Bien que le rapport ne soit pas encore sorti, il me donne un aperçu de la situation en évoquant le massacre de Nantaka et Kobaka. Le 13 juin 2018, des villageois de ces localités du centre du Mali ont entendu des tirs. Après avoir attendu le départ de l'armée, ils se sont rendus sur place et y ont découvert trois fosses communes contenant un total de 25 corps, un bilan confirmé par une source onusienne. Les victimes étaient notamment des Peuls qui, arrêtés peu auparavant, avaient été froidement exécutés par des soldats venus de la caserne voisine de Sévaré. Les militaires maliens avaient en effet promis de tuer 20 hommes si l'un d'entre eux était attaqué.

Nigeria, Maiduguri, mi-2016

La responsable d'une association locale m'a organisé un rendez-vous discret avec un habitant de Njimini, un village situé près de la frontière entre le Nigeria et le Cameroun. Yaya Ibrahim (le nom et le prénom ont été modifiés) s'effondre en pleurs lorsqu'il commence à me parler. J'en suis très gêné et je lui propose d'annuler l'entretien. Mais il insiste : il veut que je connaisse son histoire. Sa famille a été massacrée par l'armée camerounaise lors d'une action de représailles à la suite d'une embuscade de Boko Haram à 4 heures du matin le 11 février 2016 à Kerawa. Il y avait eu des précédents. Le 26 janvier 2016, déjà, les militaires de l'Opération Arrow IV avaient subi des pertes à Askashiya, non loin de là. Selon Yaya Ibrahim, ils avaient alors tué 81 villageois accusés de collaborer avec les rebelles parce que, pris entre deux feux, ils n'avaient pas prévenu l'armée camerounaise de la présence des djihadistes. Deux semaines plus tard, il n'a pas fallu deux heures pour que les militaires de l'Opération Arrow V se vengent sur les habitants de Njimini. Lorsqu'il est revenu sur les lieux, Yaya Ibrahim dit avoir compté 130 cadavres, dont 60 femmes et enfants. Le bilan officiel mentionna 162 « terroristes » tués. Ce massacre-là n'a jamais fait l'objet d'enquêtes de la part des organisations de défense des droits de l'homme.

Kenya, Nairobi, fin 2013

J'ai autrefois vécu dans la capitale kenyane et je suis sous le choc quand j'apprends qu'un commando de Chebab venus de Somalie s'est emparé du centre commercial de Westgate. Sur place, l'émotion de la population est d'autant plus forte que l'intervention des forces de sécurité tourne assez vite au cauchemar. Bien que les Chebab aient attaqué une banlieue chic de la capitale, militaires et policiers kenyans mettent près de quatre heures à arriver sur les lieux. Dans la confusion qui règne à l'intérieur du centre commercial, ils commencent par s'entre-tuer. Leurs « tirs amis » (ou friendly fire *en anglais) feront un mort dans les rangs de la police. Entre-temps, les assaillants ont déjà eu le temps de tuer plus de 67 personnes. Mais l'affaire ne s'arrête pas là. Alors que le commando, composé de seulement quatre djihadistes, est finalement neutralisé en fin de soirée, le 23 septembre 2013, les forces de sécurité kenyanes vont faire durer leur intervention pendant trois jours afin d'avoir tout le temps de piller les boutiques de Westgate. Comme pour effacer les traces de leurs méfaits, elles bombarderont ensuite le centre commercial, laissé en ruines après que les caméras de surveillance ont pu filmer la scène*[1].

Du Mali à la Somalie, on pourrait multiplier les exemples d'abus perpétrés par les forces chargées de combattre les groupes qualifiés de terroristes. Ces « débordements » sont parfois dénoncés par les organisations de défense des droits de l'homme, ce qui leur vaut d'être de temps en temps relatés par les médias. Mais d'autres passent complètement inaperçus, sachant qu'il est toujours difficile de trouver des informations fiables dans les zones de conflits armés. Bien souvent, on ne sait tout simplement pas ce qui se passe dans les campagnes. Dans le cas des régions rurales du Macina, par exemple, les exactions commises par l'armée malienne n'ont en fait été rapportées qu'à partir du moment où les populations locales ont fui vers Bamako et ont pu témoigner de leurs tourments après avoir été prises en charge par la Croix-Rouge internationale et les agences des Nations unies.

La difficulté tient aussi à un certain parti pris. Beaucoup d'observateurs et de décideurs rechignent à évoquer les exactions des forces qui combattent « l'abomination djihadiste », incarnation

---

1. McConnell, Tristan [20 sept. 2015], « "Close Your Eyes and Pretend to Be Dead" : What really happened two years ago in the bloody attack on Nairobi's Westgate Mall », Foreign Policy.

contemporaine et presque parfaite du mal à l'état pur. Pour ne pas compromettre la justesse de leur cause, certains vont même jusqu'à minimiser, voire nier les tueries commises par les armées engagées dans la lutte antiterroriste. Le Mali n'est bien entendu pas seul en cause. Les autres pays de la ligne de front antiterroriste sont tout aussi concernés. En Irak, les Nations unies ont ainsi entrepris d'enquêter de façon exhaustive sur les crimes perpétrés par l'organisation État islamique. En revanche, leurs rapports sont restés « étonnamment succincts sur les violations des droits humains par les forces armées irakiennes, leurs supplétifs et leurs alliés étrangers[1] ». À propos des frappes aériennes de la coalition antiterroriste sur la ville de Mossoul entre octobre 2016 et juillet 2017, les Nations unies avançaient par exemple un bilan de 461 morts civils, bien inférieur à celui d'une ONG britannique, Airwars, qui comptait jusqu'à 1 579 victimes.

Le problème se retrouve au Sahel. La lutte que mènent le Tchad, le Niger, le Cameroun et le Nigeria contre Boko Haram est significative à cet égard. S'appuyant sur des sources contestables tirées d'ACLED (*Armed Conflict Location & Event Data Project*), une base de données très prisée des opérateurs du développement, les Nations unies et la Banque mondiale estimaient ainsi que le groupe

---

1. Kaval, Allan, Rémy Ourdan & Hélène Sallon [27 déc. 2017], « De Mossoul à Rakka, les civils comptent leurs morts », *Le Monde*, p. 3.

djihadiste était responsable de près de la moitié des morts civils enregistrés à l'occasion de divers affrontements au Nigeria entre 2012 et 2016[1]. Mais ils se gardaient bien de signaler que « l'autre moitié » avait été tuée par les forces de sécurité et leurs alliés miliciens.

En général, la majorité des victimes des guerres dites « asymétriques » sont des civils. Faute d'accès au terrain, il est cependant difficile de savoir qui tue qui. La qualité, l'impartialité et la fiabilité des sources utilisées ne sont pas seules en cause. Bien souvent, les parties au conflit annoncent des nombres de morts que les médias ou les ONG relaient sans être en mesure ni d'aller vérifier leur exactitude ni d'établir les responsabilités des divers protagonistes impliqués dans les tueries. Dans l'idéal, il faudrait un mandat policier pour mener des enquêtes sérieuses et savoir si les victimes sont des « civils » ou des « terroristes », comme le déclarent trop souvent les forces armées lorsqu'elles s'en vont incendier un village.

Dans la plupart des cas, on connaît d'autant moins l'identité des personnes tuées au cours des hostilités que les pays du Sahel disposent très rarement d'états civils dignes de ce nom. Pour échapper aux efforts de propagande militaire et de manipulation politique, l'observateur avisé est donc obligé de recentrer et

---

1. United Nations, World Bank (ed.), *Pathways for Peace : Inclusive Approaches to Preventing Violent Conflict*, Washington, DC, World Bank, 2018, p. 28.

limiter son analyse aux seuls événements qui peuvent être recoupés et sur lesquels on dispose de suffisamment d'informations pour pouvoir déterminer qui sont les auteurs des tueries. Toujours hasardeuses, les tentatives de quantification et de qualification du nombre de victimes des conflits armés requièrent en effet beaucoup de rigueur et de prudence sur le plan scientifique[1].

Avec toutes ces précautions, la base de données NigeriaWatch a, depuis l'université d'Ibadan, montré que, de juin 2006 à mai 2017, les forces de sécurités nigérianes et leurs milices avaient tué à peu près autant de personnes (16 182) que Boko Haram (16 666)[2]. De tels résultats concordaient en l'occurrence avec ceux d'autres projets de quantification des morts du conflit, par exemple à l'université Johns Hopkins aux États-Unis[3]. Mais ils ne permettaient

---

1. Pour en savoir plus sur la méthodologie de NigeriaWatch, les difficultés de recension des victimes de conflits armés et les standards internationaux en la matière, voir Pérouse de Montclos, Marc-Antoine, Elizabeth Minor & Samrat Sinha (dir.), *Violence, statistics, and the politics of accounting for the dead*, Dordrecht, Springer, 2016, 140 p.

http://www.everycasualty.org/campaign/charter
http://www.nigeriawatch.org/index.php?html=7

2. Pérouse de Montclos, Marc-Antoine, "The killing fields of Nigerian security forces: any lessons learned?", *African Security* vol. 11, n° 2, 2018, pp. 110-26.

3. Sur la période de juin 2011 à juin 2018, les chiffres du *Nigeria Security Tracker* du *Council on Foreign Relations* se contentaient quant à eux d'identifier 15 953 victimes civiles sans préciser si celles-ci avaient été tuées par les insurgés ou les forces de sécurité. Cf. Allen, Nathaniel, « Unusual Lessons from an Unusual War: Boko Haram and Modern

pas de savoir si les victimes étaient des civils ou pas. De plus, le décompte n'était sûrement pas exhaustif. Les chiffres qui circulaient officieusement dans la population étaient bien supérieurs.

En privé, des officiels nigérians rencontrés au cours de mes pérégrinations autour du lac Tchad avouaient même que, selon leurs propres calculs, l'armée avait en fait tué beaucoup plus de civils que les insurgés. En effet, les militaires disposaient d'une puissance de feu que n'avait pas Boko Haram, notamment grâce à des avions de chasse qui pouvaient bombarder des villages entiers en toute impunité. De plus, les insurgés avaient initialement ciblé des individus, surtout des représentants de l'État, et non des communautés. Bien que viscéralement opposés à l'idéologie extrémiste de Boko Haram, des clercs musulmans modérés affirmaient ainsi que l'armée avait sans doute tué trois fois plus de civils que les djihadistes sur la période allant de l'exécution extrajudiciaire du fondateur de la secte en 2009 jusqu'à l'instauration d'un état d'urgence en 2013. Comme au Mali à Nantaka en 2018, les soldats déployés à Maiduguri promettaient à l'époque de tuer cent habitants pour chacun de leurs hommes disparus[1]. C'est l'établissement de milices qui a ensuite incité Boko Haram à

Insurgency », *Washington Quarterly* vol. 40, n° 4, 2017, p. 116 ; Campbell, John & Asch Harwood [2018], *Boko Haram's Deadly Impact*, New York, Council on Foreign Relations, 12 p.

1. Abulfathi, Khalifa Aliyu Ahmed (2016), *The metamorphosis of Boko Haram: A local's perspective*, Maiduguri, polycop., 11 p.

commettre des massacres de masses pour dissuader les populations prises entre deux feux de se laisser embrigader dans des unités paramilitaires.

Dans tous les cas, l'identification du statut des victimes n'a pas toujours permis d'établir les responsabilités des uns et des autres. Par exemple, les forces de sécurité nigérianes admettent très rarement avoir tué des civils. Elles prétendent plutôt avoir « neutralisé » des « terroristes ». Dans le même ordre d'idées, les civils arrêtés au cours d'une rafle et décédés en cours de détention sont d'emblée considérés comme des insurgés alors qu'ils ne bénéficient pas d'un statut de prisonniers de guerre et qu'ils n'ont jamais été jugés, au mépris du principe de présomption d'innocence. Pour se dédouaner de ses responsabilités, l'armée a ainsi pris l'habitude de faire signer aux familles qui voulaient récupérer le corps de leurs enfants un certificat attestant que leurs proches étaient bien des fidèles de la secte djihadiste. Autre source de biais dans l'identification du statut des victimes, les forces de sécurité ont délibérément minimisé le nombre de morts dans leurs rangs et ont au contraire insisté sur le nombre de civils tués par Boko Haram.

Une sanglante disproportion

Le Mali fait l'objet de distorsions similaires. La différence avec le Nigeria est qu'il n'existe pas de base de données pour en savoir plus. Dans le nord du Mali,

l'armée française mène une « guerre sans images »,
à l'abri du regard indiscret de journalistes indépendants et par trop inquisiteurs. Les chiffres publiés
par le ministère de la Défense à Paris, eux, sont bien
trop parcellaires et lacunaires pour qu'on puisse en
tirer la moindre conclusion. En effet, ils se focalisent
uniquement sur les affrontements entre militaires
français et groupes combattants[1]. Mais le bilan serait
différent si l'on incluait les casques bleus onusiens,
les troupes alliées africaines, l'armée malienne et ses
supplétifs miliciens. En privé, des spécialistes de la
sécurité confient que le Mali constitue peut-être un
des rares cas de conflits asymétriques où les insurgés
tuent davantage de militaires que les forces censées
les combattre ne parviennent à éliminer de « terroristes ».

Quant aux civils, de nombreux éléments laissent
à penser qu'ils sont effectivement les premières victimes de la lutte antiterroriste. Comme au Nigeria,
d'abord, les forces armées et leurs alliés miliciens
au Mali disposent d'une puissance de feu supérieure à celle des insurgés. Mathématiquement, leurs

---

1. Les chiffres officiels font état de 15 soldats français et 600 djihadistes tués dans le cadre de l'Opération Barkhane entre 2015 et
2018. D'autres sources parlent quant à elles de l'élimination de plus
de 600 insurgés et de la capture de 450 prisonniers au cours des trois
premiers mois de l'opération Serval, période pendant laquelle les affrontements furent les plus intenses. Cf. *Le Monde* du 6 mai 2019, p. 2 ;
Boeke, Sergei & Schuurman, Bart [2015], « "Operation 'Serval'": A Strategic Analysis of the French Intervention in Mali, 2013-2014 », *Journal
of Strategic Studies* vol. 38, n° 6, p. 801.

dégâts collatéraux sont donc susceptibles d'avoir un impact bien plus important sur les civils. On note par ailleurs qu'en règle générale, les forces gouvernementales tuent davantage que les groupes insurrectionnels. Pendant les guerres de décolonisation des années 1950 et 1960, ce fut notamment le cas des Français en Algérie et des Britanniques en Malaisie, au Kenya, à Oman, au Malawi, à Aden, à Brunei et en Égypte au moment de la crise du canal de Suez[1]. Aujourd'hui, il n'y a pas vraiment de raisons de supposer qu'une telle caractéristique ne se serait pas perpétuée dans un contexte international où la lutte antiterroriste garantit en quelque sorte l'impunité des militaires engagés dans des guerres dites « asymétriques » contre un ennemi invisible et caché au milieu de la population.

En Afghanistan et en Irak au cours des années 2000, les États-Unis et leurs alliés ont ainsi assumé des dégâts qui n'avaient plus rien de « collatéral » et « involontaire » tant ils étaient systématiques, voire délibérément ciblés sur les civils[2]. Des observateurs

---

1. À l'époque, les seules exceptions connues concernaient les luttes pour l'indépendance des Juifs en Palestine et des Grecs à Chypre. Encore convient-il de noter que ces statistiques ne prenaient pas en compte les morts de faim ou de malnutrition indirectement causées par les opérations militaires des puissances coloniales. Cf. French, David [2011], *The British way in counter-insurgency, 1945-1967*, Oxford, Oxford University Press, p. 133.

2. Crawford, Neta [2013], *Accountability for killing : moral responsibility for collateral damage in America's post-9/11 wars*, Oxford, Oxford University Press, 486 p.

avertis ont parfois renseigné ces disproportions avec exactitude. À Rakka, par exemple, le Réseau syrien des droits de l'homme a montré que les bombardements et les tirs d'artillerie des forces de la coalition internationale avaient décimé 1 854 civils entre juin et octobre 2017, six fois plus que les 311 civils tués par l'organisation État islamique pendant le même laps de temps[1]. De son côté, l'agence Associated Press a calculé que les troupes de la coalition et de leurs alliés irakiens, d'une part, et l'organisation État islamique, d'autre part, étaient chacun responsable d'environ un tiers des 9 000 à 11 000 civils tués à Mossoul entre octobre 2016 et juillet 2017, le dernier tiers se prêtant à toutes sortes de spéculations car les registres des morgues et les données des ONG de secouristes ne permettaient pas de savoir qui avait tué qui[2].

Comment pourrait-il en être autrement en Afrique et, plus particulièrement, au Mali ? Historiquement, les puissances coloniales n'y sont pas allées de main morte lorsqu'elles ont voulu mater des révoltes portées au nom du Coran [voir l'encadré]. Après la période des indépendances, les appareils répressifs des États postcoloniaux sont restés tout aussi meurtriers pour les civils. Passée inaperçue à une époque où les Occidentaux se préoccupaient surtout

---

1. Les chiffres d'Airwars montaient même jusqu'à 1 972 non-combattants tués par les forces antiterroristes pendant cette période. Cf. Kaval, Allan, Rémy Ourdan & Hélène Sallon [27 déc. 2017], « De Mossoul à Rakka, les civils comptent leurs morts », *Le Monde* p. 3.

2. https://www.apnews.com/bbea7094fb954838a2fdc11278d65460

du « péril rouge », la révolte de la secte islamiste Maitatsine est significative à cet égard. En effet, elle s'est produite au Nigeria, pays le plus peuplé du continent, et son bilan humain fut terrible à partir du moment où l'armée intervint pour écraser la rébellion. Dans la ville de Kano, les militaires tuèrent l'essentiel des quelque 4 000 victimes que le gouvernement dénombra officiellement après la fin du bombardement des quartiers où les fidèles de Maitatsine s'étaient retranchés. Deux ans après, en octobre 1982, les violences devaient à leur tour gagner la banlieue de Maiduguri, futur fief de la secte Boko Haram vingt ans plus tard.

Là encore, la disproportion fut flagrante, cette fois sans intervention massive de l'armée. Officiellement, l'émeute fit 450 morts dont 15 policiers[1]. En réalité, le bilan fut vraisemblablement plus lourd si l'on considère les suites du conflit, peut-être jusqu'à 3 000 personnes. En effet, beaucoup de suspects décédèrent en prison sans jamais être jugés. Sur

---

1. La très grande majorité des victimes fut des civils ou des membres de la secte Maitatsine avec des pertes variant entre 116 morts selon les forces de l'ordre, 132 selon une commission d'enquête, 159 selon des sources hospitalières et 500 selon des récits recueillis sur place. Cf. Nicolas, Guy [oct. 1984], « Métamorphose de l'Islam nigérian, deuxième partie », *Le Mois en Afrique* n°s 225-6, p. 137; El-Badaway, Hassan [1982], *Government White Paper on the report of the Commission of Inquiry into the Religious Disturbances in Bulum-Kuttu area of Maiduguri between the 26th-29th October 1982*, Maiduguri, Government Printer, p. 19 ; Isichei, Elizabeth [oct. 1987], « The Maitatsine Risings in Nigeria, 1980-85 : A Revolt of the Disinherited », *Journal of Religion in Africa* vol. 17, n° 3, pp. 194-208.

Une guerre perdue

200 personnes arrêtées lors d'une rafle de la police à Maiduguri le 26 octobre 1982, par exemple, 32 moururent d'étouffement au bout de deux jours, du fait de leur entassement dans une cellule minuscule. Faute de nourriture, des cas de cannibalisme furent ensuite recensés dans les prisons où étaient enfermés les suspects.

> ### La répression coloniale des révoltes djihadistes d'antan : une vieille histoire
>
> Le colonisateur a durement réprimé les djihads d'autrefois. Traumatisés par leur défaite face aux combattants du Mahdi (« Guide religieux ») à Khartoum en 1885, les Britanniques furent impitoyables au Soudan, n'hésitant pas à massacrer des civils ou à achever des prisonniers sans défense. Dans les années qui suivirent leur reconquête du territoire éclatèrent d'innombrables révoltes qui se réclamaient plus ou moins du mahdisme et, à chaque fois, on releva davantage de morts dans les rangs des insurgés que dans ceux des troupes coloniales[1].
>
> Lors de la colonisation de la Libye ottomane, les Italiens commirent également des massacres à Tripoli et dans ses environs, où ils tuèrent jusqu'à 4 000 civils pour venger la perte de 21 officiers et 482 soldats affreusement mutilés à Shat al-Shatt (Sciara-Sciât) le 23 octobre 2011. Les violences ne s'arrêtèrent pas là. Après la Première Guerre mondiale, les fascistes entreprirent à leur tour de prendre le contrôle de l'arrière-pays libyen, où ils se heurtèrent à

---

1. Ibrahim, Hassan Ahmed [1979], « Mahdist Risings against the Condominium Government in the Sudan, 1900-1927 », *The International Journal of African Historical Studies* vol. 12, n° 3, pp. 440-471.

la résistance armée d'une confrérie soufie, la Senousiyya. Au cours des combats, des femmes, des enfants et des vieillards furent arbitrairement raflés et fusillés car vaguement suspectés de complicités avec les rebelles. Des villages furent incendiés ; des propriétés, confisquées ; des récoltes, détruites. Les abus des troupes indigènes, en particulier, furent tels qu'ils contribuèrent très largement à légitimer la rébellion, qui dura jusqu'en 1931[1].

Les Français ne firent pas toujours mieux. Dans l'actuelle Guinée, ils exercèrent des représailles sanglantes et tuèrent quelque 400 villageois après avoir perdu 2 officiers et 11 soldats le 30 mars 1911 lors du soulèvement vite réprimé des fidèles d'un prophète autoproclamé, Tcherno Alliou, qui avait enflammé les esprits des musulmans peuls des massifs montagneux du Fouta-Djalon[2]. Au Mali, encore, ils arrêtèrent et déportèrent un ermite soufi et dissident de la confrérie Tidjaniyya, Ahmadou Hamallah, qui avait eu le tort de bouder l'autorité coloniale et de contester l'autorité des Blancs, à défaut de passer à la lutte armée. Ses deux fils furent fusillés le 11 novembre 1941 avec trente et un chefs maures. Quant à ses disciples, qui se concentraient dans la région de Nioro, ils furent raflés en masse et enfermés dans des sortes de camps de concentration, notamment à Yélimané près de Kidal en pays touareg. Parmi les quelque 800 détenus incarcérés, une centaine devaient mourir au bout de trois mois. Il n'en restait

---

1. Rainero, Romain [2018], « Le refus italien d'utiliser des troupes coloniales », *in* Buton, Philippe & Marc Michel (dir.), *Combattants de l'Empire. Les Troupes coloniales dans la Grande Guerre*, Paris, Vendémiaire, pp. 191-3.

2. Sanneh, Lamin [1997], *The crown and the turban: Muslims and West African pluralism*, Boulder (Co.), Westview, pp. 74 ss.

plus que 500 de vivants à la fin de l'année[1]. La répression fut d'autant plus dure que le colonisateur craignait des soulèvements au Sahel suite à l'humiliation de sa défaite face aux Allemands en France.

En dépit de son gigantisme, le Nigeria ne constitue malheureusement pas une exception à cet égard. Malgré les processus de démocratisation initiés au sortir de la guerre froide, les abus des forces de l'ordre restent courants sur l'ensemble du continent, sans d'ailleurs se limiter à la répression des soulèvements qualifiés de djihadistes. La gestion des manifestations, en particulier, donne fréquemment lieu à des excès, comme on a pu l'observer au Soudan autrefois ou, plus récemment, dans les mois précédant la chute de la dictature islamiste du général Omar al Bashir en avril 2019[2]. Trop souvent, les armées africaines continuent de tuer surtout des civils en étant engagées dans des opérations de police à l'intérieur de leurs frontières nationales.

---

1. Hamès, Constant [2018], « La Tijâniyya "onze grains" de Shaykh Hamallah : les acteurs et les enjeux d'un conflit d'époque coloniale », *in* Moreau, Odile & Vermeren, Pierre (dir.), *Politique et confréries au Maghreb et en Afrique de l'Ouest*, Paris, Maisonneuve, Journal d'Histoire du Soufisme vol. 7, p. 79 ; Joly, Vincent [1993], « L'administration du Soudan français et les événements de Nioro-Assaba (août 1940) », *in* Bernus, Edmond, Pierre Boilley, Jean Clauzel & Jean-Louis Triaud (dir.), *Nomades et commandants : Administration et sociétés nomades dans l'ancienne A.O.F.*, Paris, Karthala, p. 56.

2. Les 8 et 9 juillet 1965, déjà, l'armée soudanaise avait massacré de nombreux civils dans les rues de Juba, la capitale du Sud : selon les sources, entre 430, 1 400 et 3 000 personnes furent tuées à cette occasion.

Les tentatives de bilan des violences qui déstabilisent la partie occidentale du Sahel en témoignent à leur manière. À en croire un décompte effectué sur la période 1997-2018, 11 % des interventions militaires du Sénégal, de la Mauritanie, du Mali, du Burkina Faso, du Niger et du Tchad ont directement ciblé des civils[1]. Une telle proportion est certes inférieure à la fréquence de déploiement de ces armées pour lutter contre des rébellions djihadistes qui ont retenu 23 % de leurs engagements pendant la période d'étude. Les interventions destinées à réprimer des émeutes ou des mutineries militaires, quant à elles, étaient quantité négligeable. Mais un pareil constat ne doit pas masquer le fait qu'à 54 %, les armées du Sénégal, de la Mauritanie, du Mali, du Burkina Faso, du Niger et du Tchad ont surtout combattu des milices « ethniques » ou des soulèvements à caractère communautaire en assumant le risque de tuer un grand nombre de civils.

De ce point de vue, il convient de ne pas se fier aux conclusions hâtives qui, tirées de la base de données ACLED, laissent à penser qu'au Mali, les forces gouvernementales tueraient relativement peu. En réalité, les résultats sont faussés à partir du moment où les supplétifs miliciens sont arbitrairement rangés dans le camp des insurgés[2]. Pour dresser un bilan humain

---

1. Elischer, Sebastian [2019], "Contemporary Civil-Military Relations in the Sahel", Paris, OECD, *West African Papers* 19, p. 23.
2. *Le Monde* du 6 mai 2019, p. 2.

de la guerre contre le terrorisme au Sahel, il faudrait plutôt tenir compte de l'extraordinaire versatilité des allégeances des combattants. Au Mali, on n'hésite ainsi pas à recourir à des oxymores et on parle de « rebelles loyalistes » pour désigner les insurgés ralliés à Bamako, à l'instar des « *sobels* » de Sierra Leone au cours des années 1990, mélange toxique de *soldiers* et de *rebels*. Sur le terrain, la situation est des plus confuses et évoque un peu le cas de la Somalie où les milices claniques et, pour certaines, paragouvernementales tuent bien autant que les Chebab si l'on en croit des documents confidentiels des Nations unies en 2016[1].

L'inanité de la militarisation de la lutte contre le terrorisme

Dans un tel contexte, on voit à quel point le défi est insurmontable pour l'armée française au Sahel. L'objectif relève tout simplement de la mission impossible. En effet, il consiste à lutter contre des groupes dits terroristes en s'appuyant sur les forces corrompues et prédatrices d'alliés locaux dont les exactions nourrissent et exacerbent les hostilités. En principe, l'armée française est intervenue au Sahel

---

1. Williams, Paul [2018], *Fighting for Peace in Somalia: A History and Analysis of the African Union Mission (AMISOM), 2007-2017*, Oxford, Oxford University Press, p. 316.

pour ramener l'ordre et sauver des vies face à « l'abomination djihadiste ». Mais en pratique, elle s'est retrouvée à former et équiper des « forces d'insécurité » qui ont grandement contribué à déstabiliser la région, trop souvent en tuant davantage de civils que les terroristes.

De fait, les États faibles de la région jouent un rôle central dans la prolongation des hostilités : soit de façon active lorsque leurs armées tuent des civils et attisent le ressentiment contre les gouvernements en place ; soit de façon passive lorsque l'absence d'État et de services publics de base ne permet pas de protéger la population et légitime l'émergence de contre-pouvoirs qui contestent l'ordre établi sur une base religieuse. Il convient certes de nuancer le tableau. Pour diverses raisons, les armées du Niger et de la Mauritanie se comportent mieux que celles des autres États membres du G5 Sahel, cela sans parler des militaires sénégalais, qui sont réputés être les plus professionnels de la région et qui, néanmoins, n'ont pas été conviés à participer aux combats contre les groupes djihadistes.

La soldatesque tchadienne, elle, constitue un cas un peu à part car le régime du président Idriss Deby, qui est arrivé au pouvoir par la force en 1990, ne s'est jamais complètement départi de son caractère guerrier. À cet égard, il est assez étonnant d'entendre le ministre Jean-Yves Le Drian la présenter régulièrement comme l'armée la plus performante du G5 Sahel. En réalité, les forces tchadiennes s'étaient littéralement écroulées en 2008 ; n'auraient été les bombardements *in extremis* de l'armée de l'air française à l'époque, Idriss Deby aurait été pris au piège dans son palais présidentiel, encerclé par les insurgés qui étaient arrivés jusqu'aux portes de la capitale Ndjamena. En guise d'armée, la soldatesque du régime évoque plutôt une bande de guerriers et non de militaires : des combattants valeureux, certes, mais peu disciplinés. Connus pour leurs nombreuses exactions, ils ont largement contribué à déstabiliser la Centrafrique voisine, à tel point que les Nations unies ont dû officiellement demander leur départ du pays.

Dans les autres États de la zone, les problèmes les plus criants touchent le Mali et le Burkina Faso, cela sans même parler des turpitudes du Cameroun, allié de Paris qui est engagé dans la lutte contre Boko Haram mais qui ne fait pas partie du G5 Sahel. Au Mali, en l'occurrence, l'armée n'a pratiquement jamais combattu de forces militaires, à l'exception d'une guerre éclair et peu meurtrière contre le Burkina Faso en 1985. Historiquement, elle a surtout été employée à réprimer les Touaregs à l'indépendance puis des opposants politiques du temps de la dictature de Moussa Traoré entre 1968 et 1991. Profondément corrompue, composée de soldats dépenaillés et dépourvus d'équipements, elle ne constituait plus que l'ombre d'une armée lorsque les insurgés se sont emparés du pouvoir dans le nord du Mali en 2012. Depuis lors, son action a renforcé plutôt qu'endigué le phénomène djihadiste. Par contraste, les insurgés ont parfois été perçus « comme les garants d'une sécurité, voire d'une stabilité, que l'État [semblait] incapable d'assurer[1] ». En dépit d'un fort soutien de la France et de l'Union européenne, les militaires maliens, eux, ont continué de faire figure de « bureaucrates en uniforme » et de « soldats d'opérette », bons pour la parade… ou le massacre de civils, mais inopérants dans la lutte contre le terrorisme[2].

On retrouve des phénomènes un peu similaires au Burkina Faso, où l'armée a également commis des exactions contre les civils[3]. S'y ajoute une particularité : le gouvernement du président Roch Marc Christian Kaboré se méfie de son appareil sécuritaire depuis la chute en 2014 du régime de Blaise Compaoré, lui-même un ancien militaire. Pour éviter les risques de putsch, les autorités rechignent en conséquence à distribuer des armes aux hommes

---

1. Geel, Florent, Antonin Rabecq, Drissa Traoré & Rémi Carayol [2018], *Dans le centre du Mali, les populations prises au piège du terrorisme et du contreterrorisme : Rapport d'enquête*, Paris, FIDH, p. 78.

2. Tull, Denis [March 2019], « Rebuilding Mali's army: the dissonant relationship between Mali and its international partners », *International Affairs*, vol. 95, n° 2, pp. 405-422.

3. Sur 190 meurtres recensés par Human Rights Watch dans la région du Sahel entre décembre 2017 et février 2019, par exemple, plus des deux tiers ont été perpétrés par les forces de sécurité et moins d'un tiers par les djihadistes. Cf. Le Cam, Morgane [13 mai 2018], « Au Burkina, les exactions des forces antiterroristes », *Le Monde*, p. 4. https://www.hrw.org/fr/news/2019/05/22/burkina-faso-respecter-les-droits-humains-lors-des-operations-antiterroristes

du rang. Lors de l'attaque par un commando djihadiste du Café Aziz Istanbul à Ouagadougou en
août 2017, par exemple, la gendarmerie dut aller
chercher des munitions en dehors de la ville avant
de pouvoir intervenir sur les lieux. De même, les soldats déployés en brousse ne disposent que de deux
cartouches chacun. De peur de tomber à court de
munitions, ils hésitent donc à engager le combat avec
les groupes djihadistes dans la province de Soum à la
frontière nord du pays. À sa manière, le Burkina Faso
évoque ainsi les travers de l'armée nigériane où les
officiers supérieurs craignent bien autant les attaques
de Boko Haram qu'une mutinerie de leurs hommes
et la revente d'armes aux insurgés, entre autres parce
que les soldes ne sont pas payées et que des détourne-
ments de fonds massifs ne permettent pas d'honorer
les contrats d'achat d'armements passés par le gouvernement à Abuja.

Les défis de guerres asymétriques

Mais l'infaisabilité de l'intervention militaire de
la France au Sahel ne se juge pas seulement à l'aune
des alliances conclues avec des armées africaines corrompues et coupables de nombreuses exactions. Elle
s'apprécie également dans les caractéristiques de
guerres asymétriques contre des combattants qui sont
qualifiés de terroristes et qui se cachent au milieu de
la population. Ceux-ci savent parfaitement que leurs

attaques sont susceptibles d'entraîner des représailles et des dégâts importants parmi les civils. Ils savent aussi que, sur un plan strictement militaire, ils n'ont aucune chance de gagner une victoire décisive contre des forces bien mieux armées qu'eux.

Leur objectif est donc d'attirer les troupes gouvernementales dans un piège en les incitant à « tirer dans le tas » pour provoquer l'hostilité de la population. Grâce à l'intervention de l'ancienne puissance coloniale française, il leur est alors facile d'attiser le ressentiment local contre des forces d'occupation considérées comme étrangères parce qu'elles sont composées de soldats venus d'autres régions du Mali, voire d'autres pays dans le cas des casques bleus onusiens et des contingents africains du G5 Sahel. Le problème n'est d'ailleurs pas spécifique à la France en tant qu'ancienne puissance coloniale. En Somalie, les troupes de l'Union africaine ont aussi fini par attirer davantage d'opinions négatives que positives en dépit de leurs succès pour chasser les Chebab de Mogadiscio en 2011 et ramener un semblant d'ordre dans la capitale. Si l'on en croit des sondages réalisés dans le sud du pays en 2016, près de la moitié de la population souhaitait leur départ immédiat, en particulier celui des contingents kenyans et éthiopiens, les plus détestés[1].

---

1. Williams, Paul [2018], *Fighting for Peace in Somalia: A History and Analysis of the African Union Mission (AMISOM), 2007-2017*, Oxford, Oxford University Press, pp. 295, 340.

La stratégie « terroriste » suit ainsi une logique inverse à celle des armées classiques dont le but est de réduire la capacité de représailles de l'ennemi. Au Mali et dans les pays voisins du Sahel, l'objectif est plutôt d'entraîner les forces gouvernementales et la France dans une guerre d'usure dont on ne voit pas la fin. L'idée est d'épuiser l'ennemi en l'amenant à exercer des représailles contre-productives, schéma qui n'est pas sans rappeler les revers subis par les Américains en Afghanistan et en Irak. De fait, le risque de bavure est particulièrement élevé lorsqu'il s'agit de bombarder des campements dans le désert ou de mener des combats urbains. Pour attaquer les troupes de l'Union africaine à Mogadiscio, par exemple, les Chebab de Somalie ont utilisé des boucliers humains en se cachant dans la foule et en provoquant des ripostes qui n'ont pas manqué de tuer des civils et de ternir la réputation des forces gouvernementales.

De telles guerres sont d'autant plus difficiles à mener qu'elles s'accompagnent souvent d'une sorte « d'embouteillage sécuritaire » avec des acteurs qui se concurrencent les uns les autres[1]. La prolifération d'unités militaires et de strates administratives ne facilite sûrement pas les efforts de coordination de la lutte antiterroriste. Côté français, les troupes

---

1. Hills, Alice [2014], "Security Sector or Security Arena? The Evidence from Somalia", *International peacekeeping*, vol. 21, n° 2, pp. 165-80.

régulières de Barkhane et les forces spéciales de l'opération Sabre côtoient ainsi les casques bleus de la
MINUSMA (Mission multidimensionnelle intégrée
des Nations unies pour la stabilisation au Mali) et
les armées nationales des pays concernés. L'Union
africaine, elle, est absente du théâtre de guerre car
sa force permanente, censée fonctionner depuis
2010, n'a en fait jamais vu le jour. Ce sont plutôt les
armées des pays sahéliens qui se sont coalisées dans
des groupements régionaux *ad hoc*. Autour du lac
Tchad, la MNJTF (Multinational Joint Task Force)
regroupe en l'occurrence les troupes du Nigeria, du
Niger, du Tchad et du Cameroun pour lutter contre
Boko Haram. Officiellement lancé à Nouakchott
début 2014, le G5 Sahel réunit quant à lui cinq pays
francophones, à savoir la Mauritanie, le Mali, le
Burkina Faso, le Niger et le Tchad. En 2016, il s'est
doté d'une force conjointe qui, poussée par Paris, a
été présentée comme une initiative africaine et qui,
nonobstant les dénis officiels, pourrait en fait servir
à justifier un désengagement progressif de l'armée
française.

En pratique, ces coalitions se heurtent toutes
aux habituels problèmes de coordination entre des
États qui poursuivent chacun leur propre agenda
politique. La force conjointe du G5 Sahel, en particulier, est moquée comme une coquille vide, une
sorte de NATO – l'acronyme anglais de l'OTAN
(Organisation du traité de l'Atlantique Nord) – dont
le nom signifierait désormais : *No Action, Talk Only*.

« Pas d'action, rien que des paroles »… et des « réunions à n'en plus finir », pour reprendre les termes d'officiers burkinabè qui, en privé, se plaignent de l'inefficacité du « grand machin » financé par la France[1]. De fait, la force conjointe du G5 Sahel paraît bien divisée. Elle est parfois décriée comme un G3 plus un G2 avec, d'un côté, le Mali, le Burkina Faso et le Niger et, de l'autre, la Mauritanie et le Tchad. Le Sénégal, qui comptait l'armée la plus professionnelle de la région, est resté à l'écart, à la fois pour des raisons internes et parce que son rival mauritanien ne voulait pas renoncer à sa position de leader. Quant à l'Algérie « socialiste », elle n'a pas souhaité se joindre aux efforts du G5 Sahel, considérant qu'elle finançait déjà le CEMOC (Comité d'état-major opérationnel conjoint, basé à Tamanrasset et créé en 2010 avec le Mali, la Mauritanie et le Niger)[2].

Le problème est aussi que, par défaut d'État, on assiste à une prolifération d'acteurs « sécuritaires » qui ne relèvent pas de troupes régulières mais plutôt de supplétifs miliciens difficilement contrôlables,

---

1. ICG [2017], *Nord du Burkina Faso : ce que cache le jihad*, Brussels, International Crisis Group, 21 p.
2. D'autres raisons expliquent aussi cette position. Légalement, d'abord, la Constitution algérienne interdit d'engager l'armée en dehors des frontières du pays. Connaissant ses relations difficiles avec l'ancien colonisateur, ensuite, le gouvernement n'a pas non plus caché son hostilité à l'installation de bases françaises au Sahel, sans parler de la présence militaire américaine à Agadez. De plus, les autorités craignaient qu'une offensive dans le nord du Mali ne leur renvoie les djihadistes qui, justement, avaient fui l'Algérie pour aller s'installer à Tombouctou.

notamment dans les campagnes. C'est flagrant dans la région centrale du Macina au Mali, où le phénomène s'est accompagné de violences à caractère communautaire. Dans les cercles de Douentza, Bankass, Bandiagara et Koro, la confrérie des chasseurs dozo a ainsi monté en décembre 2016 une milice appelée *Dan Na Amba Sagou* (« les chasseurs qui se confient à Dieu ») pour protéger les intérêts des cultivateurs dogon. Cette initiative a été suivie en janvier 2018 de l'apparition d'une autre formation, l'Alliance pour le salut du Sahel (ASS), qui visait à défendre les éleveurs peuls dans les cercles de Koro et de Djenné.

Les relations des uns et des autres avec les forces étatiques ont été pour le moins ambiguës. D'un côté, l'armée malienne a cherché à utiliser les Dozo comme éclaireurs, comme informateurs et comme supplétifs pour participer aux combats et dénoncer les djihadistes ; elle leur a ainsi donné des passe-droits pour circuler dans la zone en dépit d'une ordonnance militaire du 1er février 2018 qui, théoriquement, interdisait l'usage des motos dans les régions de Mopti, Ségou et Tombouctou. D'un autre côté, la milice Dan Na Amba Sagou a profité de la situation pour régler des comptes et perpétrer plusieurs massacres. Après avoir été visé par une opération de l'armée malienne en juillet 2018, le mouvement a alors annoncé qu'il entendait empêcher la tenue des élections présidentielles et « chasser » du pays dogon les représentants de l'État[1].

Dans un tel contexte, les djihadistes ont bien évidemment cherché à tirer parti des tensions en offrant leur protection aux victimes des miliciens. L'armée française, elle, s'est bien gardée d'intervenir. Depuis Paris, l'état-major a, sans doute à juste titre, estimé qu'il n'était pas en mesure de s'interposer entre des communautés pour régler des conflits de bétail et mener une guerre contre-insurrectionnelle. Ce faisant, il a tacitement admis les limites de l'engagement militaire de la France au Mali. De fait, la mission était impossible à achever, à moins d'étendre indéfiniment le mandat de l'armée à des fonctions policières et politiques. Le problème est qu'un tel constat aurait pu et dû être fait dès 2013.

---

1. Geel, Florent, Antonin Rabecq, Drissa Traoré & Rémi Carayol [2018], *Dans le centre du Mali, les populations prises au piège du terrorisme et du contreterrorisme : Rapport d'enquête*, Paris, FIDH, pp. 50-2.

CHAPITRE II

DE L'USAGE IMMODÉRÉ DE LA FORCE

Kenya, Nairobi, mi-1998

Je suis dans un garage de la zone industrielle de Nairobi en train de faire réparer ma Mitsubishi, une vieille Pajero achetée d'occasion à une commerçante somalienne. Une très mauvaise affaire. Je me suis déjà ruiné en diverses réparations et le diagnostic du garagiste indien est sévère. Quand soudain on entend une formidable explosion, un bruit d'une intensité que je n'avais jamais connue, même en écoutant les orgues de Staline en train de pilonner Mogadiscio. Le souffle est tel que la vitrine du garage se fend et qu'une partie du toit se tord.

On se demande ce qu'il se passe. S'agit-il de l'explosion d'un dépôt d'essence de la zone industrielle ? D'un coup d'État ? Nous ne savons pas encore qu'il s'agit du premier attentat d'al-Qaïda en Afrique, en l'occurrence contre l'ambassade américaine à quatre kilomètres de là.

Maroc, Marrakech, mi-2018, vingt ans plus tard…

J'ai été invité à une conférence intitulée : « après Daech ». La rencontre est organisée par une ONG émiratie appelée « Croyants sans frontières ». Tout un programme ! Je ne connais personne mais cela fait partie des surprises du métier de chercheur. Il m'est arrivé de me retrouver à présenter mes recherches dans un temple protestant à Paris ou dans la cathédrale d'Anvers, coincé entre l'archevêque d'Abuja et un émir enturbanné du Bauchi. On ne sait jamais d'avance qui on va rencontrer.

À Marrakech, il y a très peu d'universitaires. L'assemblée est surtout composée de responsables des services de renseignements et d'anciens djihadistes qui ont été libérés après être passés par la case prison. L'un d'eux, Nabil Naïm Abdel Fattah, se présente comme un ami personnel d'Oussama Ben Laden et un des cofondateurs du Djihad égyptien.

« Nous avons dormi sous la même tente en Afghanistan, clame-t-il avec fierté. Oussama Ben Laden est un héros, pas un terroriste. »

Avec sa forte corpulence et son énorme barbe, Nabil Naïm a le physique de l'emploi. Né en 1956, il a commencé sa carrière en faisant trois mois de prison pour avoir tué un rival islamiste lors d'une bagarre qui avait mal tourné à Alexandrie. Blessé au cours de l'échauffourée, il a alors été soigné par un médecin bien particulier, à savoir le docteur Ayman al-Zawahiri, actuel chef d'al-Qaïda. Nabil Naïm fréquentait décidément des milieux peu recommandables. Il fit sept ans de prison pour s'être associé aux terroristes qui assassinèrent le président Anouar el-Sadate lors d'un défilé militaire au Caire en 1981. Relâché en 1988, il s'empressa ensuite de partir en Afghanistan, d'où il dirigea le Djihad égyptien et supervisa sa fusion avec al-Qaïda.

L'histoire est désormais connue. Nabil Naïm l'explique à sa manière : « La formation d'al-Qaïda est née de la rencontre sur le front afghan des idéologues égyptiens et des financiers saoudiens. » Les uns apportaient les idées ; les autres, le pétrole et l'argent de la fortune personnelle d'Oussama Ben Laden.

De retour au Caire en 1991, Nabil Naïm fut de nouveau arrêté et détenu, cette fois pour une période beaucoup plus longue. Il dut attendre les printemps arabes et la chute du raïs égyptien pour être libéré en 2011. Ayant définitivement renoncé à la violence, il a depuis lors lancé une formation politique qui a participé à l'élection présidentielle de 2012. Son nom sonne comme un oxymore : le parti islamique du Djihad démocratique ! Nabil Naïm n'en demeure pas moins un fervent admirateur d'al-Qaïda. Il a toutes les raisons de détester un Occidental comme moi. À Marrakech, il me dédaigne ostensiblement, refuse de me saluer et s'abstient de manger dans la même pièce que moi.

Un incident va cependant me permettre de nouer le dialogue. Les organisateurs de la conférence ont décidé de nous promener dans Marrakech. Notre cohorte de

*touristes en goguette comprend la bande d'anciens tau-
lards djihadistes égyptiens dont fait partie Nabil Naïm.
La situation est presque cocasse. Afin de prévenir les
risques d'attentats terroristes, les autorités marocaines
ont pour habitude de poster des fourgons de police
à proximité des monuments historiques. Lorsque les
Égyptiens veulent se faire prendre en photo devant un
de ces véhicules, je ne peux m'empêcher de me joindre
à la scène. Bien entendu, l'agent de faction ne sait rien
de l'identité des « touristes » qui se pavanent à côté
de son fourgon. C'est vers moi qu'il se dirige pour me
demander d'éliminer la photo que je viens de faire avec
mon téléphone.*

*« Il est interdit de photographier les véhicules de
police, m'explique-t-il. C'est permis seulement pour les
monuments. »*

*J'obtempère et supprime la photo compromettante.
Mais la scène a arraché un sourire à Nabil Naïm. Dans
le car qui nous ramène à l'hôtel, il accepte enfin de me
parler. Une de nos accompagnatrices fait la traduction.*

*Nabil Naïm m'apprend qu'en Afghanistan il a bien
connu Ali Amin al-Rashidi, le chef d'état-major d'al-
Qaïda et le planificateur des attentats contre l'ambassade américaine à Nairobi. Connu sous le nom de guerre
d'Abu Obaida El Behery, « l'homme aux cinq lions »
(également orthographié Abou Obeïd El Bangashiri), ce
dernier est né au Caire en 1950 et a d'abord été policier avant de fuir en Afghanistan quand sa hiérarchie a
découvert ses liens avec le Djihad égyptien. Il s'est ensuite
établi à Nairobi et y a épousé une Kenyane sous un faux*

nom. *Pour couvrir ses activités clandestines, il a notamment fondé un commerce d'importation de véhicules en provenance des Émirats arabes unis et une entreprise de pêche dont les bateaux se prêtaient bien à la contrebande car leur contenu était débarqué en pleine nuit*[1].

Ironie de l'histoire, Ali Amin al-Rashidi est finalement mort noyé dans un accident de ferry sur le lac Victoria le 12 mai 1996. Dans la structure combattante d'al-Qaïda, il a alors été remplacé par un autre membre du Djihad égyptien, Abdallah Ahmed Abdallah, lui-même un ancien joueur de football. Mais Ali Amin al-Rashidi avait déjà eu le temps de mettre en place tout le dispositif destiné à commettre un gigantesque attentat contre l'ambassade américaine à Nairobi. À l'époque, explique Nabil Naïm, Oussama Ben Laden était retranché dans les montagnes afghanes. Quand il a cherché quelques volontaires pour aller au Kenya commettre l'attentat préparé par Ali Amin al-Rashidi, 200 hommes se sont aussitôt présentés à lui. Il n'a eu que l'embarras du choix.

L'attaque a eu lieu exactement huit ans jour pour jour après le débarquement de troupes américaines sur la « terre sainte » d'Arabie saoudite lors de la première crise du Golfe, en 1990. D'autres motivations ont également été rapportées : obtenir la libération de membres du Djihad égyptien qui venaient de se faire arrêter en

---

1. Shultz, Richard & Ruth Margolies Beitler [June 2004], « Tactical Deception and Strategic Surprise in Al-Qaida's Operations », *Middle East Review of International Affairs*, vol. 8, n° 2. Accès: http://www.mafhoum.com/press7/201P2.htm

Albanie, châtier « l'invasion » de la Somalie par des troupes occidentales, protester contre le plan de « partition » du Soudan en faveur des chrétiens du Sud, etc. Du temps où il était basé à Khartoum, en 1996, Oussama Ben Laden avait lui-même désigné l'ambassade américaine à Nairobi comme le principal centre d'espionnage et de déstabilisation des musulmans dans la région[1]. Pour Nabil Naïm, l'attaque visait surtout à « venger 1,6 million d'enfants morts du fait de manque de soins à cause de l'embargo américain contre l'Irak de Saddam Hussein ».

La question me brûle les lèvres. Le monde est vaste. Pourquoi frapper en Afrique ? Pourquoi à Nairobi plutôt qu'à Colombo, à Paris, à Beyrouth ou à Bogota ?

La réponse de Nabil Naïm coule de source, si l'on peut dire : « Parce que c'était facile ! Le Kenya est un pays très corrompu. Depuis Port Soudan, il fallait transporter 10 tonnes d'explosifs. La TNT a été cachée dans un chargement de 400 tonnes de sucre. Pour passer la marchandise, les organisateurs de l'attentat ont simplement versé des bakchichs aux douaniers et aux militaires kenyans. C'est beaucoup plus facile qu'en Europe. Il y a moins de contrôles. »

La conclusion est effarante. Si je résume bien, al-Qaïda a choisi de s'en prendre à l'ambassade

---

1. Hansen, Stig Jarle [2019], *Horn, Sahel and Rift: Faultlines, of the African Jihad*, London, Hurst, p. 62.

américaine à Nairobi parce que l'administration kenyane est corrompue. Pour les groupes djihadistes,
l'Afrique est en fait un terrain de jeu car l'État y est
faible. Or c'est dans les situations de tensions et de
vides politiques que les « terroristes » prospèrent. La
leçon doit être retenue pour le Mali comme pour
l'ensemble des pays sahéliens, y compris dans le nord
du Nigeria où, le 26 août 2011, les hommes de Boko
Haram ont réussi à attaquer les Nations unies jusque
dans la capitale Abuja en soudoyant les forces de
l'ordre pour franchir les barrages de police avec leurs
explosifs.

Des militaires gangrenés
par la corruption

La corruption n'est pas un vain mot quand on s'intéresse au fonctionnement des appareils sécuritaires
de bien des États africains. Les armées, en particulier,
sont touchées par toute une variété de problèmes qui
affectent directement leur capacité à lutter contre les
groupes djihadistes : contrebande et revente d'armes
volées dans les arsenaux des casernes militaires ; collusion dans divers trafics avec des mouvements insurrectionnels ; détournement des soldes qui mine le
moral des troupes et provoque des mutineries contre
la hiérarchie ; surfacturation et non-réalisation des
contrats d'approvisionnement qui laissent les soldats

livrés à eux-mêmes, sans équipements ; népotisme des officiers au détriment de la formation, du professionnalisme et du mérite ; impunité et indiscipline qui favorisent les abus autant que les désertions, etc.

Le Mali n'échappe pas à ces problèmes. Avant la crise de 2012, certains de ses officiers étaient déjà suspectés de tremper dans les trafics de drogue au Sahara. Depuis lors, l'intervention de la France et de la communauté internationale n'a pas mis fin aux pratiques de corruption, bien au contraire puisqu'il y a davantage d'argent à partager. En privé, les bailleurs de fonds de l'aide se plaignent ainsi du détournement des équipements fournis. Il se murmure même que c'est pour mieux surveiller l'utilisation de l'argent versé aux militaires maliens qu'ils ont poussé au déménagement du quartier général de la Force conjointe du G5 Sahel depuis Sévaré jusqu'à Bamako, officiellement pour permettre la reconstruction d'un site entièrement détruit par une attaque djihadiste le 29 juin 2018.

Dans un tel contexte, est-il envisageable que l'armée française puisse remédier à la situation en encadrant de plus près l'appareil sécuritaire des pays menacés par des groupes djihadistes ? C'est improbable et pas faisable à moyen terme. D'abord pour des raisons de souveraineté : les résistances nationalistes sont fortes et les États africains ne veulent pas se soumettre aux injonctions des anciennes puissances coloniales. Bien souvent, la classe dirigeante elle-même ne souhaite pas vraiment lutter contre les mécanismes d'une corruption qui lui permet de gagner les élections et de conforter ses réseaux clientélistes pour rester au pouvoir. De plus, la France n'a ni les moyens ni la volonté d'aller se substituer à des États défaillants. Enfin et surtout, la tâche est absolument dantesque.

En effet, le souci n'est pas seulement que les forces de l'ordre entretiennent les insurrections djihadistes par leurs exactions, leurs abus, leur corruption et leurs dégâts dans la population civile. En amont, le problème est aussi que, bien souvent, elles exacerbent la situation en ajoutant une strate de violence, en poussant les protestataires à basculer dans la lutte armée et en nourrissant le ressentiment contre les autorités établies, quitte à légitimer des protestations fondées sur la morale islamique. Pour améliorer la situation, il faudrait en fait que la France entreprenne de refondre entièrement les systèmes de sécurité des pays sahéliens, sans oublier de pallier les déficiences des appareils judiciaires et pénitentiaires d'États dont la fragilité n'est plus à démontrer.

Le problème est structurel. Qu'elle suive un modèle jacobin et français ou régionaliste et britannique, la forme centralisée ou fédérale de l'État postcolonial importe finalement assez peu à cet égard. Dans la tradition politique francophone, les fonctionnaires sont postés en brousse par le pouvoir central, tandis qu'au Nigeria anglophone l'administration territoriale est davantage constituée d'élus du cru. Mais, dans un cas comme dans l'autre, l'État est très peu présent en milieu paysan. Au Nigeria, les bâtiments administratifs des collectivités locales rurales restent désespérément vides car les fonctionnaires préfèrent rester vivre avec leur famille en ville ; au Niger, au Mali ou au Burkina Faso, les instituteurs et les médecins de campagne pratiquent un absentéisme routinier. Autrement dit, la manifestation concrète de l'État dans les campagnes se réduit surtout à l'arrivée de percepteurs d'impôts ou de « corps habillés », à savoir des hommes en uniforme de la police ou de l'armée qui sont souvent étrangers à la région et qui ne parlent pas les langues locales.

Au Mali depuis l'indépendance, la brutalité de la répression du séparatisme touareg dans le Nord et le racket incessant des gardes forestiers à l'encontre des éleveurs peuls du Macina ont ainsi constitué le terreau d'une protestation sur laquelle les djihadistes allaient facilement se greffer. Les abus ont été tels que, lors de la crise de 2012, certains habitants de Tombouctou et Gao ont perçu le retrait de l'État comme une bénédiction. De même à partir de 2015, des bergers du Macina ont été séduits par le discours du chef djihadiste Amadou Koufa vilipendant le comportement prédateur des fonctionnaires maliens. Au nom de la préservation des aires agricoles et de la lutte contre la désertification, le service des eaux et forêts avait en effet l'habitude de racketter les éleveurs peuls de la région, en particulier depuis qu'une loi de 1986 avait alourdi le montant des amendes et officiellement autorisé ses agents à en garder un certain pourcentage pour se payer sur la bête, un peu comme les fermiers généraux de l'Ancien Régime en France[1].

Dans une certaine mesure, on a observé des phénomènes assez similaires dans la province du Sahel au nord du Burkina Faso près de la frontière malienne, où les fonctionnaires du pouvoir central compensaient une affectation pour eux pénible en se livrant à divers trafics et rackets. Les éleveurs peuls de la région, eux, avaient le sentiment d'être exclus de l'administration et d'être systématiquement discriminés au profit d'autres communautés en cas de conflit. Mené par Ibrahim Dicko, le groupe djihadiste Ansarul Islam a évidemment tiré parti de cette situation. La lutte antiterroriste a alors exacerbé les griefs locaux quand les forces de sécurité ont commencé à rafler des villages entiers pour éviter de compromettre leurs informateurs, arrêtés et détenus avec l'ensemble de la population[2].

---

1. D'origine coloniale, cette institution paramilitaire avait d'ailleurs été une des seules à voir ses effectifs continuer d'augmenter en dépit de la signature avec la Banque mondiale en 1982 d'un plan d'ajustement structurel qui prévoyait de réduire drastiquement le nombre de fonctionnaires maliens. Cf. Benjaminsen, Tor & Boubacar Ba [2019], « Why do pastoralists in Mali join jihadist groups? A political ecological explanation », *The Journal of Peasant Studies*, vol. 46, n° 1, pp. 1-20 ; Sangare, Boukary [2016], *Le Centre du Mali : épicentre du djihadisme ?* Bruxelles, Groupe de recherche et d'information sur la Paix et la Sécurité, 12 p. ; Geel, Florent, Antonin Rabecq, Drissa Traoré & Rémi Carayol [2018], *Dans le centre du Mali, les populations prises au piège du terrorisme et du contreterrorisme : Rapport d'enquête*, Paris, FIDH, p. 25 & 28.

2. ICG [2017], *Nord du Burkina Faso : ce que cache le jihad*, Brussels, International Crisis Group, 21 p.

Le Mali n'est pas le seul concerné par les abus policiers ou militaires. Dans le nord sahélien du Nigeria, le ressentiment contre les forces de l'ordre existe aussi depuis longtemps. Du temps de la colonisation, les musulmans considéraient les casernes militaires comme des enclaves étrangères et des lieux de dépravation où l'on consommait de l'alcool et fréquentait des « femmes de mauvaise vie »[1]. Le nom qu'on leur a donné en haoussa est significatif à cet égard : dérivé du mot *barracks* en anglais, le terme *barikanci* désigne un style de vie immoral[2]. Aujourd'hui, la défiance reste forte car les rares représentants de l'État dans les campagnes affichent souvent un certain mépris à l'égard de la rusticité du monde paysan.

Les forces de sécurité, en particulier, connaissent mal les environnements où elles sont en quelque sorte « parachutées ». Pour développer un esprit de corps et éviter de possibles collusions entre les représentants de la loi et les communautés dont ils sont originaires, les autorités cherchent en effet à ventiler les effectifs policiers et militaires à travers tout le territoire national. Au nord-est du Nigeria, une des régions les moins alphabétisées du pays, les forces déployées pour lutter contre Boko Haram se sont ainsi retrouvées en contact direct avec des civils et des musulmans qui

---

1. Umar, Muhammad Sani [March 1999], « Muslims Eschatological Discourses on Colonialism in Northern Nigeria », *Journal of the American Academy of Religion* vol. 67, n° 1, p. 74.

2. Abraham, Roy Clive [1946], *Dictionary of the Hausa Language*, London, Government of Nigeria, pp. 83-84.

ne parlaient pas anglais. Pour ces derniers, le senti-ment d'être confronté à des troupes d'occupation a été d'autant plus fort que les soldats chrétiens et ibo en provenance du Sud ont été suspectés de vou-loir venger leurs morts assassinés lors des pogroms de 1966, qui avaient été à l'origine de la guerre de sécession du Biafra. Le contexte politique devait également entretenir une certaine défiance à l'égard des forces de l'ordre. En 2011, les principaux fiefs de Boko Haram en pays kanouri dans les États du Borno et du Yobe avaient voté pour l'opposition et contre le président à l'époque au pouvoir, qui était lui-même un chrétien du Sud. Sur le plan politique comme confessionnel, tout concourait finalement à entériner le grand divorce entre les forces de l'ordre et la population civile.

Cantonnés dans des casernes en ville, policiers et militaires nigérians, eux, ont vécu dans la peur d'attaques qui pouvaient les surprendre à n'importe quel moment du jour ou de la nuit. Persuadés que la population musulmane leur était hostile, ils se sont méfiés de tout le monde et n'ont pas hésité à tirer dans le tas. La sauvagerie de leur répression et leur manque de retenue à l'égard des civils n'ont pas été pour rien dans la brutalisation de Boko Haram et la perpétuation des hostilités.

De la mauvaise gestion des conflits

Plutôt que de s'appesantir sur une prétendue radicalisation de l'islam, il convient ainsi de revenir sur la façon dont la mauvaise gestion des conflits a provoqué et entretenu des révoltes de type djihadiste. Les défaillances des pouvoirs publics ont joué un rôle essentiel. Dans le cas du sud de la Somalie et du nord du Mali, il est assez étonnant à cet égard d'entendre les décideurs politiques renverser la perspective en prétendant que les terroristes seraient responsables du chaos ambiant. En réalité, la nature a horreur du vide. C'est justement l'absence d'un État régulateur, arbitre impartial des conflits, qui a favorisé l'émergence de groupes djihadistes dans des contextes déjà très violents.

Au Mali, par exemple, il est de bon ton de prétendre que l'importation des idées salafistes des pays du Golfe, l'infiltration de terroristes en provenance d'Algérie et la chute du régime de Mouammar Kadhafi en Libye seraient à l'origine de la victoire d'AQMI, dont les combattants ont réussi à prendre le contrôle de Tombouctou en juin 2012. Une telle explication permet aux autorités et aux militaires maliens de se défausser de leurs profondes responsabilités dans l'aggravation de la crise. Pourtant, les relations entre les Touaregs et le pouvoir central étaient tendues depuis fort longtemps. En octobre 2011, la mort de Mouammar Kadhafi n'a fait que précipiter les événements. À meilleure preuve, les exilés touaregs de Libye ont traversé le Niger sans s'y arrêter lorsqu'ils sont revenus à Tombouctou proclamer l'indépendance de l'Azawad en avril 2012. Fondamentalement, l'élément déclencheur de la crise a été la situation de vide politique au Mali, de pair avec le retrait total de l'armée du nord du pays. À Bamako, le coup d'État du capitaine Amadou Haya Sanogo, qui renversa le président élu Amadou Toumani Touré, a été le véritable déterminant de la prise du pouvoir par les djihadistes.

N'en déplaise aux partisans de la coopération militaire, on pourrait multiplier les exemples démontrant que les forces de sécurité africaines portent en fait une lourde part de responsabilité dans l'éclosion et le développement de révoltes, notamment dans des régions à majorité musulmane. Dès 1991, la chute de la dictature Siad Barre en Somalie et l'annulation de la victoire électorale du Front islamique de salut par les militaires en Algérie ont ainsi ouvert la voie à un basculement des protestations islamistes dans la lutte armée et le djihad. C'est particulièrement flagrant dans la Corne de l'Afrique. En 2006, les troupes éthiopiennes ont en effet débarqué à Mogadiscio pour y renverser le gouvernement de l'Union des tribunaux islamiques. Leur occupation du pays a alors conduit les milices du cru à se radicaliser et a précipité la transformation en guérilla du « mouvement de la jeunesse », les Chebab, afin de bouter « l'envahisseur chrétien » en dehors du territoire somalien.

Depuis lors, l'intervention des troupes de la mission de l'Union africaine en Somalie (AMISOM) n'a pas mis un terme au conflit. Venues pour l'essentiel du Kenya, de l'Ouganda et de l'Éthiopie, celles-ci sont également perçues comme des forces allogènes et sont régulièrement accusées de revendre leurs munitions en se livrant à toutes sortes de trafics depuis l'aéroport international de Mogadiscio[1]. Le contingent kényan, en particulier, a été accusé de tremper dans l'exportation illégale de charbon de bois depuis les ports sous son contrôle dans la région de Kismayo : un commerce qui, en l'occurrence, finance aussi les Chebab de la même manière que l'armée nigériane a contribué à assurer la survie des combattants de Boko Haram en recélant et revendant le bétail volé par les insurgés autour du lac Tchad[2].

Quant à l'armée somalienne, elle est censée se reconstituer sous les auspices de la communauté internationale mais n'est guère en mesure de sortir de la capitale et encore moins de reprendre le contrôle des campagnes aux mains des Chebab. Les spécialistes le disent eux-mêmes : ses soldats sont moins disciplinés que les insurgés et ils passent une bonne partie de leur temps à se disputer entre

---

1. Harding, Andrew [2016], *The Mayor of Mogadishu: A story of Chaos and redemption in the Ruins of Somalia*, London, Hurst, p. 179.

2. Williams, Paul [2018], *Fighting for Peace in Somalia: A History and Analysis of the African Union Mission (AMISOM), 2007-2017*, Oxford, Oxford University Press, p. 340.

eux[1]. Beaucoup ont déserté avec armes et bagages pour rejoindre les milices de leurs clans ou rallier les Chebab, soit par conviction, soit, tout simplement, parce qu'ils n'étaient pas payés et que leurs soldes avaient été détournées par le gouvernement en place à Mogadiscio. D'autres ne se sont pas gênés non plus pour vendre des munitions et des informations sensibles aux insurgés, à tel point que les Nations unies ont renoncé à lever leur embargo sur les armes, une option un moment envisagée pour soutenir la formation d'une armée nationale[2].

En dehors des frontières de la Somalie, les Chebab ont aussi réussi à étendre leur base sociale dans la Corne de l'Afrique en tirant parti des manœuvres répressives des États voisins et des griefs accumulés par leurs minorités musulmanes. Les Somali du

---

1. À dire vrai, la Somalie ne fait pas exception. En dépit des formations militaires proposées par la communauté internationale, on retrouve le même problème à la frontière de l'Ouganda dans l'est de la République démocratique du Congo, où les pseudo-djihadistes des *Allied Democratic Forces* sont réputés plus disciplinés que les pillards de l'armée congolaise. Cf. Robinson, Collin [2016], « Revisiting the rise and fall of the Somali Armed Forces, 1960-2012 », *Defense & Security Analysis*, vol. 32, n° 3, pp. 237-252 ; Ingiriis, Mohamed Haji [2018], « Building peace from the margins in Somalia: The case for political settlement with Al-Shabaab », *Contemporary Security Policy*, vol. 39, n° 4, p. 525 ; Titeca, Kristof & Koen Vlassenroot [2012], « Rebels without borders in the Rwenzori borderland? A biography of the Allied Democratic Forces », *Journal of Eastern African Studies*, vol. 6, n° 1, p. 167.

2. Williams, Paul [2018], *Fighting for Peace in Somalia: A History and Analysis of the African Union Mission (AMISOM), 2007-2017*, Oxford, Oxford University Press, p. 88.

nord-est du Kenya, en particulier, avaient le sentiment très net d'être stigmatisés et discriminés par les élites au pouvoir dans la capitale. À la différence des notables de Bamako vis-à-vis des Touaregs dans le nord du Mali, ces dernières étaient chrétiennes, ce qui a pu contribuer à accentuer les divergences. Dès l'indépendance en 1963, la minorité somali du Kenya a ainsi tenté de faire sécession et, en 1998, l'attentat d'al-Qaïda contre l'ambassade américaine à Nairobi n'a évidemment pas calmé les suspicions à son encontre. Tant et si bien qu'en 2011 l'armée kenyane a décidé d'occuper le sud de la Somalie pour sécuriser la frontière et créer une zone tampon entre les deux pays.

À Nairobi autant qu'à Mombasa sur la côte swahélie où se concentre la minorité musulmane du pays, des prédicateurs extrémistes comme Ahmad Iman Ali et Aboud Rogo ont alors généralisé leurs critiques en dénonçant la guerre menée par le Kenya et son allié américain contre l'ensemble des croyants, et non plus seulement les Somaliens. Le premier devait rejoindre les rangs des Chebab en 2009 tandis que le second fut tué par balles en 2012, vraisemblablement par des escadrons de la mort qui n'avaient pas accepté son acquittement à la suite d'un procès pour terrorisme en 2005. Son assassinat, qui provoqua des émeutes, contribua à radicaliser les salafistes de Mombasa qui allaient former le groupe al-Hijra (« Hégire ») et prêter allégeance à al-Qaïda. La mort d'Aboud Rogo annonça aussi la répression à venir et les événements qui devaient pousser de jeunes musulmans kenyans à combattre pour une lutte qui, au départ, n'était pas la leur. De fait, les rafles se multiplièrent dans les quartiers de peuplement somali. Lors de l'opération dite *Usalama Watch* en mars 2014, le chef de la police de Mombasa annonçait ainsi la couleur en affirmant publiquement sa volonté de liquider les suspects sur place car « ces gens-là ne méritent pas d'être poursuivis en justice[1] ».

Du fait de sa plus grande proximité avec le Mali et de son poids économique et politique dans la bande sahélienne, le Nigeria est bien aussi significatif des errements des forces de sécurité engagées dans la lutte contre le terrorisme. La mauvaise gestion du conflit avec Boko Haram y a précipité le glissement de la secte islamiste dans la violence après l'exécution extrajudiciaire de son fondateur en juillet 2009 à Maiduguri, fief historique du groupe. La chronologie des événements présente à cet égard d'étonnantes similitudes avec la répression du mouvement Maitatsine près de trente ans plus tôt. Dans un cas comme dans l'autre, la police a procédé à des arrestations arbitraires, molesté des innocents et refusé de rendre des comptes aux commissions d'enquête mises

---

1. Prestholdt, Jeremy [2019], « Kenya: Counterterrorism in Kenya: Security aid, impunity and Muslim alienation », *in* Boyle, Michael (dir.), *Non-Western Responses to Terrorism*, Manchester, Manchester University Press, p. 399.

en place par les autorités[1]. Les opérations lancées à l'époque pour écraser les protestataires portaient également des noms quasi identiques : *Flush Out* en octobre 1982 ; *Flush* en juin 2009. Coïncidence ou reflet du manque d'imagination des forces de l'ordre ? Nul ne le sait. Quoi qu'il en soit, ces opérations « Nettoyage » se sont accompagnées de nombreux abus qui ont aggravé la situation, précipité les rebelles dans la clandestinité et déplacé le conflit vers d'autres localités [voir l'encadré].

Maitatsine et Boko Haram : même combat ?

Concernant le mouvement Maitatsine, les autorités ont d'abord voulu empêcher un rassemblement des fidèles de la secte devant le palais traditionnel du Shehu du Borno à Maiduguri. L'objectif était d'éviter que ne se renouvelle la séquence qui, deux ans auparavant, avait dégénéré et provoqué la mort de plus de 4 000 personnes à la suite d'affrontements devant la résidence de l'émir de Kano et la mosquée centrale de la ville, capturée par les rebelles. À Maiduguri en octobre 1982, la police s'est ainsi lancée à la poursuite des protestataires en raflant les passants qui lui tombaient sous la main à Zajiri dans le quartier populaire de Bolori, un futur fief de Boko Haram. Elle cibla notamment les habitants de la banlieue de Bullum-Kutu où les

---

1. El-Badaway, Hassan [1982], *Government White Paper on the report of the Commission of Inquiry into the Religious Disturbances in Bulum-Kuttu area of Maiduguri between the 26th-29th October 1982*, Maiduguri, Government Printer, 20 p. ; Galtimari, Usman Gaji (dir.) [oct. 2009], *Report of the administrative committee of inquiry into the Boko Haram insurgency in Borno State*, Maiduguri, Borno State, 5 vol.

De l'usage immodéré de la force

fidèles de la secte Maitatsine s'étaient retranchés après de premiers incidents au cours desquels un inspecteur de police avait été tué en 1979, avant d'être rejoints par d'autres membres du groupe fuyant la répression militaire à Kano fin 1980. Pour autant, la répression n'a pas mis un terme aux activités des rebelles. Le chef du mouvement Maitatsine à Maiduguri, Ibrahim Yatu, parvint à échapper au massacre final et les fidèles de la secte se retrouvèrent plus au sud dans les villes de Yola puis Gombe, où de nouveaux affrontements avec les forces de l'ordre firent plus d'un millier de morts en février-mars 1984 puis avril 1985. Concernant Boko Haram, les protestataires venus des quartiers populaires de la ville avaient également des velléités à se rassembler devant le palais du Shehu afin d'occuper un espace hautement symbolique du pouvoir à Maiduguri. Mais l'affaire a surtout démarré à la suite d'un accident de voiture. Dans le cadre de l'opération *Flush*, le gouverneur du Borno avait en effet imposé aux motocyclistes le port du casque afin de mater les fidèles de la secte qui refusaient d'enlever leurs turbans lorsqu'ils défilaient à moto dans les rues de la ville pour conspuer l'impiété et la corruption de la classe dirigeante. Quand les membres de Boko Haram ont voulu organiser la procession des funérailles de leurs « frères » tués dans un banal accident de voiture près de la ville de Biu en juin 2009, la police leur tira alors dessus car ils ne portaient pas de casque de moto. Dix-neuf d'entre eux furent grièvement blessés et les autorités leur interdirent d'aller se faire soigner à l'hôpital de Maiduguri[1].

---

1. Pérouse de Montclos, Marc-Antoine (dir.) *Boko Haram: Islamism, politics, security, and the state in Nigeria*, Los Angeles, Tsehai, 2015, 318 p. ; Walker, Andrew (2016), *Eat the heart of the infidel: The harrowing of northern Nigeria and the rise of Boko Haram*, London, Hurst, 281 p.

Une guerre perdue

Rencontré dans une prison du Niger, un membre de Boko Haram témoin direct de ces événements m'a ainsi raconté l'énorme frustration des fidèles de la secte. Pendant que certains de leurs « frères » achevaient de mourir chez eux des suites de leurs blessures, les policiers responsables du carnage continuaient de faire tranquillement la circulation dans les rues de Maiduguri, comme pour les narguer. Les rancœurs s'étaient accumulées. Auparavant, plusieurs membres de la secte avaient été bastonnés car ils refusaient de dire bonjour aux agents de police en référence à un hadith selon lequel le prophète Mohammed avait invité les fidèles à ne pas saluer en premier les juifs et les chrétiens. Les funérailles des victimes de l'accident de voiture furent en quelque sorte la goutte d'eau qui fit déborder le vase et, depuis l'Irak, l'État islamique n'a évidemment pas manqué d'en tirer parti pour chanter les louanges des martyrs du Nigeria et justifier l'affiliation d'une faction de Boko Haram en 2015.

Les chantres du djihad mondial racontent ainsi comment l'armée empêcha les fidèles musulmans d'aller donner leur sang aux blessés transférés dans les centres hospitaliers de Bauchi et de Maiduguri[1]. D'après le récit de l'État islamique, le fondateur de Boko Haram, Mohamed Yusuf, lança alors son djihad avec « des milliers de moudjahidin » commandés par des « émirs » au nom de guerre difficilement identifiable, « le Bornouan » (Abu Amir al-Barnawi) et « l'Homme de Maiduguri » (Sheikh Abdullah Maiduguri), qui furent rapidement tués au cours des affrontements. La vengeance fut terrible. À Maiduguri, poursuit

---

1. Al-Barnawi, Abu Yusuf et al. [2018], *Cutting out the tumour from the Khawarij of Shekau by the allegiance pledge of the people of nobility*, n.d., Channel of Facts for Media. Accès :
http://www.aymennjawad.org/21467/the-islamic-state-west-africa-province-vs-abu

la propagande de l'État islamique, « les moudjahidin ont égorgé les flics comme des moutons », se sont emparés de la plupart des quartiers de la ville et ont réussi à détruire les hauts lieux de la « mécréance » : bars, maisons closes, églises…

Encerclés dans leur centre religieux appelé *markaz*, près de la gare de Maiduguri, les derniers combattants de Boko Haram durent cependant se résoudre à fuir et à se disperser avant d'aller se cacher en brousse et de passer à des actions de guérilla. Mohamed Yusuf, lui, fut capturé par l'armée, livré à la police et exécuté sommairement, sans aucun procès. Les forces de l'ordre enterrèrent son corps à la va-vite avec des centaines de fidèles liquidés dans des conditions similaires, souvent en pleine rue, au vu et au su de tous. Maiduguri retrouva un calme précaire, annonciateur de la tempête à venir.

De l'impunité au nom de la sécurité

La répression a-t-elle été efficace ? Comme au Mali avec l'intervention militaire de la France début 2013, elle a temporairement permis d'arrêter la progression des djihadistes de Boko Haram. Mais elle n'a rien réglé. À Abuja, la capitale fédérale du Nigeria, j'ai ainsi eu l'occasion de m'entretenir en privé avec les plus hauts responsables de la police et de l'armée à l'époque en charge de la répression. Ils étaient unanimes. L'exécution extrajudiciaire de Mohamed Yusuf avait été une énorme bêtise. Cette erreur stratégique avait radicalisé et précipité le groupe dans la clandestinité en donnant raison aux partisans de la lutte armée contre les « colombes » qui souhaitaient négocier avec le gouvernement. À mots couverts, le chef de la police m'avouait qu'en fin de compte il ne contrôlait pas vraiment ses hommes : un problème de discipline et de chaîne de commandement que l'on retrouve dans bien des armées africaines, y compris au Mali.

À Maiduguri, c'étaient en l'occurrence les agents des unités antiémeutes, dites « Mopol » (Mobile Police), qui avaient assassiné Mohamed Yusuf pour venger la mise à mort (et, dit-on, la castration) de leur chef par des membres de Boko Haram. Ils avaient littéralement pris d'assaut le commissariat central de la ville pour s'emparer vivant de l'illustre prisonnier, qui avait été appréhendé par l'armée et qui était censé être remis entre les mains de la justice. En effet, les « Mopol » pouvaient se permettre de désobéir aux instructions du commissaire de police de l'État du Borno car ils obéissaient à deux chaînes de commandement et répondaient directement aux ordres d'Abuja. De plus, ils étaient mieux armés et méprisaient profondément les hommes des unités de la police régulière, considérés comme de vulgaires agents de la circulation, des « messagers » péjorativement appelés *atura* en haoussa[1].

La suite des événements a alors démontré que l'exécution extrajudiciaire de Mohamed Yusuf n'avait pas mis un terme au conflit, bien au contraire. Rentrés

---

1. Owen, Olly [Fév. 2016], « Government properties: The Nigeria Police Force as total institution? », *Africa*, vol. 86, n° 1, p. 51.

dans la clandestinité, les rebelles se sont durcis et ont commencé à monter des attaques à la bombe puis des attentats suicides en diversifiant leurs cibles et en élargissant leur rayon d'action. Parallèlement, les forces de l'ordre ont multiplié les massacres et les exactions en toute impunité, contribuant à légitimer la révolte djihadiste et à priver les autorités du soutien des civils. Rien ne devait interrompre l'engrenage infernal des violences et des représailles. Lors d'une rare tentative de négociation menée à Maiduguri par l'ancien président Olusegun Obasanjo, les insurgés demandèrent justice pour les dégâts commis par les forces de l'ordre. En juillet 2011 s'ouvrait alors dans un tribunal fédéral d'Abuja le procès de cinq policiers accusés d'avoir assassiné Mohamed Yusuf. Mais les poursuites furent abandonnées en juillet 2015. Aucun officiel nigérian ne fut condamné pour les exécutions extrajudiciaires de civils ou de membres de la secte Boko Haram. Avec le soutien de la communauté internationale, les autorités prétendent aujourd'hui vouloir compenser uniquement les victimes du « terrorisme », jamais celles des forces de l'ordre.

Il faut dire que l'impunité des militaires et des policiers est courante en Afrique, dépassant le cadre *stricto sensu* de la lutte contre le djihadisme. Historiquement, elle puise ses racines dans la période coloniale[1]. À présent, elle témoigne plutôt

---

1. Dès avant l'indépendance au Nigeria, un policier du nom de Haruna dan Daura, qui avait participé en 1953 à des émeutes dans

du manque de contrôle des civils sur les forces de sécurité dans des démocraties en devenir. Dans le cas du Mali, l'intervention massive de la communauté internationale après la crise de 2012 a certes obligé les autorités à enquêter et à poursuivre en justice les responsables d'abus, tels les militaires qui, sous commandement de la Force conjointe du G5 Sahel, ont tué une douzaine de civils à Boulikessi dans la région de Mopti le 19 mai 2018. Mais les résultats ont été décevants pour la population et, en 2019, une loi dite d'entente nationale devait proposer une amnistie déguisée pour éteindre les poursuites engagées contre le capitaine Amadou Haya Sanogo, principal chef de file du coup d'État de 2012.

Les organisations de défense des droits de l'homme relèvent ainsi qu'au sein de l'armée malienne, les sanctions prises à l'encontre des auteurs d'abus consistent le plus souvent à les muter dans d'autres régions[1]. Dans le même ordre d'idées, les miliciens sont très rarement punis lorsqu'ils commettent des exactions. À la suite d'affrontements qui avaient fait 26 morts à Malemana en avril et mai 2016, par

la ville musulmane de Kano, fut par exemple promu inspecteur en 1958 et devint responsable d'un tribunal coutumier dans le quartier du Sabon Gari alors que, de notoriété publique, il était connu pour être un chef de gang ! Cf. Shankar, Shobana [2016], *Who shall enter Paradise ? Christian origins in Muslim northern Nigeria, ca. 1890-1975*, Athens, Ohio University Press, p. 128.

1. Geel, Florent, Antonin Rabecq, Drissa Traoré & Rémi Carayol [2018], *Dans le centre du Mali, les populations prises au piège du terrorisme et du contreterrorisme : Rapport d'enquête*, Paris, FIDH, pp. 11, 25 & 28.

exemple, les autorités coutumières des Bambara impliqués dans des violences communautaires contre des Peuls suspectés de sympathies djihadistes ont simplement été condamnées à des peines de prison avec sursis. Ces sentences ont évidemment laissé aux victimes le sentiment d'une profonde injustice. Elles ont aussi contribué à entretenir leur défiance à l'égard des autorités politiques, modernes comme traditionnelles. Les problèmes de justice sont pourtant au cœur de la question du djihadisme.

CHAPITRE III

DJIHADISME ET CHARIA

Soudan, Khartoum, fin 2000

J'arrive à Khartoum en période électorale. Le général Omar el Bashir s'apprête à se faire réélire sans surprise pendant que son ancien allié, Hassan el Tourabi (1932-2016), essaie de remonter un parti islamiste depuis qu'il est revenu dans le camp de l'opposition. Au même moment en Floride, on en est encore à recompter les bulletins de vote pour savoir si, oui ou non, George W. Bush sera le prochain président des États-Unis. Les Soudanais ne manquent pas d'humour. La blague qui circule quand je débarque à Khartoum pose la question de savoir quelle est la différence entre des élections au Soudan et aux États-Unis. Réponse : au Soudan, on connaît le résultat au moins un mois à l'avance. Aux États-Unis, un mois après le vote, on ne sait toujours pas qui a gagné ! La leçon est amère et ironique : finalement, les Africains sont beaucoup plus modernes et rapides que les Occidentaux pour mener à bien des scrutins dits « populaires ».

Une guerre perdue

Je cherche à rencontrer Hassan el Tourabi. Leader des Frères musulmans dans leur version soudanaise, celui-ci avait initialement soutenu le coup d'État du général Omar el Bashir qui, en 1989, devait imposer une sanglante dictature islamiste. Très controversé, le personnage a souvent été présenté comme le « pape du terrorisme djihadiste ». En 1991 et 1993, Hassan el Tourabi a en effet organisé des conférences internationales qui ont réuni le gratin des mouvements armés islamistes, des Algériens jusqu'aux Moro des Philippines. Il n'a pas non plus été pour rien dans l'accueil d'Oussama Ben Laden à Khartoum entre 1992 et 1996. À sa manière, Hassan el Tourabi a été un éternel opposant, assez vite brouillé avec son mentor militaire, le général Omar el Bashir. Mort de vieillesse en 2016, l'homme était aussi connu pour être un redoutable orateur, doublé d'un fin didacticien.

Hassan el Tourabi est facilement accessible. Il me reçoit sans cérémonies dans sa résidence personnelle. Nous parlons sans interprètes, surtout en anglais et un peu en français, langue qu'il a apprise en faisant une thèse de droit à la Sorbonne[1].

« La charia, explique-t-il, est un ensemble d'usages, un code de conduite, comme dans la rue, qui se dit chara en arabe. Ce n'est pas seulement une affaire de conscience mais de culture, qui repose sur la force de la

---

1. L'intégralité de cet entretien a été publiée par la revue *Politique internationale* au printemps 2001.

pression sociale. Le prophète lui-même était un leader et non un ruler, un guide et non un autocrate. »

À entendre Hassan el Tourabi, la charia serait donc démocratique et son application aiderait à résoudre les problèmes de mauvaise gouvernance des pays musulmans du Sahel. Dans un monde moderne et global, on a pourtant peine à imaginer que le modèle religieux du prophète Mahomet suffise à construire des projets de société crédibles et susceptibles de se substituer à des États défaillants, corrompus, prédateurs et autoritaires. Est-il seulement vraisemblable que le droit islamique de la charia permette d'améliorer le sort de pays où les élections ne font qu'entretenir des régimes clientélistes et mafieux ?

De son côté, la France peut-elle raisonnablement espérer contrer en Afrique des demandes politiques à caractère religieux en soutenant des satrapes et en diffusant les valeurs républicaines qu'elle avait déjà tenté d'inculquer du temps de la colonisation ? C'est loin d'être évident. D'abord, il convient de ne pas se faire d'illusions sur la capacité de la France laïque et militaire à interférer dans le domaine religieux, au risque de provoquer des réactions nationalistes contre une ingérence « néocoloniale ». De plus, il importe de ne pas surestimer la puissance d'attraction des mouvements salafistes d'inspiration wahhabite, si tant est qu'ils soient vraiment la matrice idéologique des versions modernes et contemporaines du djihadisme au Sahel, une hypothèse fort discutable.

Anticolonialisme, islamisme
et révolte sociale

En réalité, les contre-modèles islamistes et anticolo-
niaux ont surtout prospéré par défaut d'État. Au Mali,
notamment, la fragmentation des formations politiques
et le discrédit de la classe dirigeante ont poussé une
partie des élites à concevoir des projets de société alter-
natifs en se référant à des normes religieuses. Autrefois
cité comme un exemple réussi de transition démocratique, ce pays est à présent englué dans un marasme
assez désespérant. Sous prétexte d'une énième réforme
constitutionnelle, le gouvernement a ainsi repoussé à
2020 les élections législatives, sénatoriales et locales
initialement prévues en 2019, quitte à revenir sur les
avancées politiques obtenues avant le coup d'État de
2012 et l'intervention de la France en 2013.

D'une manière générale au Sahel, les musulmans
ne se font guère d'illusion sur les mérites des régimes
parlementaires au pouvoir depuis la fin des dictatures
militaires du temps de la guerre froide. Ironique et
féroce, le constat des Nigérians ou des Maliens est
sans appel : les uns parlent de « démocratie folle » en
pidgin, la *democrazy* ; les autres, de « démocratie de
merde » : la *denbocratie* des vauriens, un amalgame
des mots « enfant » et « excrément » dans la langue
bamanakan des Bambara[1] ! Les enquêtes menées

---

1. N'Diaye, Issa [2018], *Silence on démocratise ! Démocratie et fractures
sociales au Mali, vol. 1*, Paris, L'Harmattan, p. 25 ; Pérouse de Montclos,

auprès de combattants djihadistes en prison sont tout aussi significatives. L'immense majorité d'entre eux, voire la totalité, considère que les gouvernements au pouvoir sont corrompus, égoïstes, indifférents au sort de la population et uniquement préoccupés à défendre les intérêts des riches[1].

Pour autant, les mouvements qualifiés de salafistes ou d'islamistes sont généralement assez ambivalents quand il s'agit d'exprimer une révolte des pauvres et des masses paysannes. Leur veine sociale ne semble pas vraiment plus prononcée que celle de l'islam maraboutique des confréries soufies, qui ont su attirer les indigents en leur proposant protection et charité. De plus, les situations d'un pays à l'autre sont trop contrastées pour que l'on puisse en tirer des conclusions définitives. Au Cameroun, les réformistes qu'on appelle « wahhabites » touchent plutôt la jeunesse dans les villes du Sud, qui sont bien plus riches que les campagnes du Nord[2]. Mais la situation est différente en Côte d'Ivoire et au Ghana. En effet, lesdits « wahhabites » y recrutent au Sud dans

---

Marc-Antoine [2009], *Des transitions démocratiques dans l'impasse : vers un nouveau régime politique en Afrique subsaharienne ?* Paris, Études de l'IFRI, 44 p.

1. UNDP [2017], *Journey to Extremism in Africa: Drivers, Incentives and the Tipping Point for Recruitment*, New York, UNDP, 112 p. ; Botha, Anneli [2017], *Terrorism in Kenya and Uganda: Radicalization from a Political Socialization Perspective*, London, Lexington Books, p. 155.

2. ICG [2015], *Cameroun : la menace du radicalisme religieux*, Brussels, International Crisis Group, p. 8.

des milieux plus défavorisés que dans les savanes du Nord.

À Abidjan, par exemple, ils ont attiré des nouveaux convertis et de nombreux immigrés dans une banlieue assez récente, Abobo, où les traditionalistes soufis étaient moins bien implantés[1]. À Bamako, en revanche, le modèle réformiste du wahhabisme a surtout gagné les milieux marchands[2]. En effet, les commerçants s'étaient lassés de devoir payer des sacrifices et des amulettes à des marabouts soufis qui passaient leur temps à leur extorquer de l'argent. Ils ont donc adhéré à une doctrine qui leur a permis d'échapper à cette pression tout en conservant leur légitimité musulmane. Le « wahhabisme » s'est alors développé comme une idéologie bourgeoise, puritaine, libérale et capitaliste qui valorisait le sens de l'économie, condamnait l'oisiveté et vantait les mérites du travail tout en condamnant les dépenses ostentatoires des partisans de la tradition[3].

Le fait est qu'en général, les mouvements dits salafistes n'ont guère réussi à pénétrer les masses rurales, restées fidèles aux confréries soufies. À l'échelle de l'Afrique musulmane, ils sont surtout restés confinés

---

1. Miran-Guyon, Marie [déc. 1998], « Dynamisme urbain d'un islam réformiste en Côte d'Ivoire contemporaine (1960-1996) », *Islam et Sociétés au Sud du Sahara*, n° 12, pp. 5-74.

2. Amselle, Jean-Loup [1985], « Le Wahhabisme à Bamako (1945-1985) », *Canadian Journal of African Studies*, vol. 19, n° 2, pp. 345-357.

3. Loimeier, Roman [2016], *Islamic Reform in 20th Century Africa*, Edinburgh University Press, p. 115.

aux classes moyennes urbaines, essentiellement dans des milieux marchands et étudiants parfois réduits à de simples cercles intellectuels. Les paysans, en revanche, ont refusé de suivre un modèle qui les aurait privés de main-d'œuvre en cloîtrant leurs femmes à la maison. En effet, le salafisme renvoie aux origines du prophète à Médine, la ville par excellence, si bien que certains islamologues évoquent même une incompatibilité avec le monde rural, en particulier la vie nomade des Bédouins et des populations pastorales qui empêche de se retrouver en groupe pour prier à la mosquée[1]. De ce point de vue, les mouvements de protestation d'inspiration wahhabite ne s'apparentent nullement à la révolte des damnés de la terre, même si certains djihadistes d'origine urbaine ont pu s'implanter dans des maquis ruraux pour continuer leur combat.

En réclamant une application plus stricte de la charia et en mobilisant des références révolutionnaires venues du monde arabe, les insurgés n'en expriment pas moins une demande de justice sociale, de moralisation de la vie politique, de purification du corps social... et de retour à l'ordre. Le constat ne vaut pas que pour des pays sahéliens comme le Mali. En Afghanistan en 1996, les talibans ont réussi à prendre et à garder le pouvoir à Kaboul parce qu'ils ont su mettre un terme aux

---

1. Planhol (de), Xavier [1968], *Les Fondements géographiques de l'histoire de l'islam*, Paris, Flammarion, p. 24.

exactions des seigneurs de guerre. De même en Somalie, l'Union des tribunaux islamiques s'est emparée de Mogadiscio en 2006 en y rétablissant l'ordre, en débarrassant la ville de ses pillards et en parvenant à rouvrir les voies de communication indispensables au commerce. Malgré l'intervention militaire de l'Éthiopie et le retrait des Chebab dans les campagnes, les paysans ont ensuite continué de recourir à des qadis salafistes, notamment en matière foncière, car leurs sentences, rendues au nom de la charia, étaient réputées mieux respectées et plus durables que celles de juges nommés par un gouvernement corrompu et toujours prompts à revenir sur les décisions de justice en fonction du montant des bakchichs reçus[1].

Dans le nord du Mali, il n'est pas rare non plus d'entendre qu'en dépit de sa justice expéditive, la police islamique (*hisbah*) de Gao et Tombouctou avait au moins réussi, en 2012, à faire cesser les vols et les abus des combattants touaregs du MNLA (Mouvement national de libération de l'Azawad). Maintenant que la France, la communauté internationale et l'armée malienne ont pris la relève, beaucoup d'habitants se plaignent en revanche d'une montée de l'insécurité et d'une multiplication de meurtres mis sur le compte de règlements de comptes individuels ou de sanglantes vendettas

---

1. Hansen, Stig Jarle, [2019], *Horn, Sahel and Rift: Faultlines, of the African Jihad*, London, Hurst, p. 183.

communautaires. Dans le sud du Mali, des sondages réalisés en 2014 montrent par ailleurs que les leaders religieux sont perçus comme beaucoup moins corrompus que les partis politiques ou les forces de sécurité[1].

Bien entendu, les leaders djihadistes ne sont pas les derniers à vilipender le relâchement de l'ordre moral et la criminalité des cols blancs. Tant le fondateur de Boko Haram que de la *katiba* (« brigade ») du Macina, Mohamed Yusuf au Nigeria et Amadou Koufa au Mali, ont ainsi construit leur popularité sur la base d'un discours politique dénonçant l'enrichissement éhonté d'une classe dirigeante impie et indifférente au sort des indigents. Dans les années 1980 au Nigeria, la secte islamiste Maitatsine avait aussi, à sa manière, exprimé le sentiment d'insécurité des pauvres de Kano et Maiduguri en les invitant à expier le mal suivant des procédures qui n'étaient d'ailleurs pas sans rappeler le lynchage des voleurs ou l'expulsion des étrangers dans le sud du pays à dominante chrétienne[2].

1. Sommerfelt, Tone, Anne Hatløy & Kristin Jesnes [2015], *Réorientation religieuse au sud du Mali*, Oslo, FAFO, p. 9.

2. Nicolas, Guy [oct. 1984], « Métamorphose de l'islam nigérian, deuxième partie », *Le Mois en Afrique*, n°s 225-6, p. 139.

Des tribunaux virtuels :
loin du peuple, loin de la foi

À cet égard, force est de constater que, pour régler leurs conflits et combattre la criminalité, les populations sahéliennes recourent très peu à la justice de l'État, celle des juges en toges. Au Nigeria, par exemple, des sondages réalisés par les Nations unies en 2016 montrent que moins de 8 % des disputes liées à des querelles de voisinage, des affaires familiales, des désaccords commerciaux ou des litiges fonciers remontent jusqu'à des tribunaux. Les préventions à l'encontre de la justice étatique, en l'occurrence, ne tiennent pas seulement à des problèmes de coûts, de distance ou d'intelligibilité de la loi, mais aussi à un sentiment profondément ancré dans la population selon lequel les juges sont corrompus et ne protègent pas efficacement les droits du simple citoyen : près de la moitié des Nigérians en sont convaincus[1].

Des enquêtes menées au Mali et au Niger révèlent la même défiance. Si l'on en croit des sondages conduits début 2019 dans les régions centrales de Mopti et Ségou où opère la *katiba* du Macina, près des trois quarts des habitants estiment que les autorités coutumières sont plus impartiales que les représentants de l'État et près des deux tiers se tournent

---

1. UNODC [2017], *Corruption in Nigeria. Bribery: public experience and response*, Vienna, United Nations Office on Drugs and Crime, p. 68.

vers elles pour régler leurs conflits. Pour se protéger, la population locale préfère également monter ses propres groupes d'autodéfense car les acteurs internationaux sont considérés comme les plus inefficaces contre l'insécurité ambiante, tandis que les forces maliennes paraissent bien aussi menaçantes que les bandes armées, djihadistes ou non[1]. De même au Niger dans la région de Diffa, où sévit Boko Haram, des sondages réalisés fin 2018 montrent que près des deux tiers des personnes interrogées estiment qu'il n'est tout simplement pas possible de saisir la justice d'État pour faire valoir ses droits face aux abus des belligérants[2].

Résultat, les populations sahéliennes ont l'habitude de régler leurs conflits en faisant appel à des autorités religieuses et coutumières, villageoises ou claniques [voir l'encadré]. Paradoxalement, c'est le colonisateur qui a étendu le domaine d'application de la charia. En dehors des aires de nomadisme au Sahara, les sociétés musulmanes du Sahel avaient en effet la réputation d'être plus hiérarchisées et mieux organisées que les tribus « païennes » de l'Afrique tropicale. Une fois passé le temps de la conquête militaire, le colonisateur décida donc de consolider

---

1. SIPRI [2019], *Les Indicateurs de sécurité et de développement au Centre du Mali*, Bamako, Stockholm International Peace Research Institute, pp. 12 & 22.

2. Tchangari, Moussa & Ibrahim Diori [2019], *Crise sécuritaire à Diffa : Les droits humains à l'épreuve de l'état d'urgence*, Niamey, Alternative Espaces Citoyens, p. 3.

le pouvoir des émirs, devenus *de facto* ses alliés pour lever l'impôt et faire régner l'ordre. Les Britanniques, en particulier, ont poussé les clercs islamiques à juger des païens et pas seulement des musulmans. Dans le même ordre d'idées, ils ont cherché à institutionnaliser la charia en la codifiant à partir d'une traduction française d'un traité malékite du juriste égyptien Khalil ben Ishaq al-Jundi[1].

La charia contre le droit coutumier

Traditionnellement, les Africains pratiquaient une justice réparatrice et réformatrice, plutôt que punitive. Celle-ci correspondait assez bien aux principes islamiques de « l'arbitrage » (*musalaha* en arabe), de l'accord de « réconciliation » (*sulh*) ou de la « loi du talion » (*qisas*), avec le paiement d'un « prix du sang » (*diya*) pour compenser les victimes directes d'un meurtre et éviter l'engrenage infernal des vendettas communautaires sur la base d'une « vengeance » (*thar*) sans limite temporelle ou personnelle. Pour autant, la justice traditionnelle au Sahel avant la période coloniale ne suivait pas le modèle de la charia que les groupes djihadistes veulent à présent imposer par la force. Le monde nomade, en particulier, était *a priori* rétif aux enseignements et aux préceptes d'une religion qui, depuis La Mecque, s'était d'abord développée en milieu urbain en étant révélée par un prophète soucieux de se distinguer de la barbarie préislamique des Bédouins.

---

1. Pierce, Steven [2006], « Punishment and the Political Body: Flogging and Colonialism in Northern Nigeria », *in* Pierce, Steven & Anupama Tao (dir.), *Discipline and the Other Body: Correction, Corporality, Colonialism*, Durham (NC), Duke University Press, p. 189.

Djihadisme et charia

Dans une très large mesure, le Sahara occidental et la Mauritanie constituaient ainsi une sorte de no man's land juridique qui échappait tout à la fois à l'autorité des sultans du Maroc au Nord et des imams peuls du royaume du Fouta Toro au Sud. Les théologiens musulmans le percevaient plutôt comme un espace en proie à l'anarchie, au brigandage perpétuel, à la razzia permanente et à la guerre civile (*fitna*) : le « lieu du désordre » (*bilad al sayba*) par opposition à « l'aire de dissidence » (*bilad al siba*) ou au « pays administré » (*bilad al makhzan*) dans le royaume chérifien[1]. En l'absence de tout gouvernement institutionnalisé, un tel environnement se prêtait mal à l'application de la charia, mode de justice qui dépendait de l'exécutif en ce sens que ses pouvoirs étaient généralement délégués par un émir, un sultan ou un imam.

En pratique, l'exercice du droit islamique en milieu saharien et nomade dut s'appuyer sur les règles de solidarité lignagère (*asabiyya*). Pour éviter la guerre entre musulmans, notamment, la charia ne pouvait être appliquée qu'à partir du moment où les groupes en conflit appartenaient à une même aire tribale et acceptaient l'arbitrage d'un médiateur reconnu de tous. Une telle caractéristique dérogeait aux ambitions universalistes de l'islam et d'une communauté de croyance qui, précisément, visait à transcender les clivages ethniques et à promouvoir le respect d'un droit contractuel indispensable au développement du commerce transsaharien. Dans le monde nomade, la loi du Clan l'emportait sur la loi de Dieu. Lorsqu'il n'était pas satisfait d'une sentence, par exemple, un plaignant ne se gênait pas pour bafouer l'autorité d'un cadi en allant solliciter le verdict d'une autre tribu. La justice semblait

---

1. Ould Cheikh, Abdel Wedoud [2011], « Théologie du désordre. Islam, ordre et désordre au Sahara », *L'Année du Maghreb*, vol. 7, pp. 61-77.

d'autant moins religieuse qu'un « arbitre » (*muslih*) pouvait tout aussi bien être un chef tribal qu'un juge (*qadi*) ou un savant (*alim*) islamiques.

Dans le nord du Nigeria, notamment, les Britanniques ont littéralement fonctionnarisé les cadis et les oulémas chargés de rendre la justice islamique. Dans une région qui, à la différence du monde arabe, n'avait pas vu se développer de fondations pieuses à caractère caritatif (*awqaf*, sg. *waqf*), ces derniers avaient l'habitude de vivre d'aumônes et de dons versés pour les remercier de leurs enseignements, de leur copie des textes sacrés et de leur supervision des cérémonies religieuses. Avec les Britanniques, en revanche, ils ont commencé à recevoir des salaires et à percevoir des honoraires, évolution qui ne fut d'ailleurs pas sans susciter des protestations de la part des croyants qui estimaient que l'accès à la justice divine devait être gratuit.

Républicains et laïcs, les Français, eux, montrèrent moins d'enthousiasme à l'idée d'institutionnaliser la charia et les cadis. Bien souvent, les historiens tendent ainsi à opposer les deux modes d'administration des principales puissances impérialistes qui colonisèrent le Sahel. Car autant les Britanniques gouvernèrent en s'appuyant sur les émirs du Nigeria et du Soudan, autant les Français mirent en place une gestion plus directe de leurs territoires, en l'occurrence sous la houlette de commandants de cercles au Mali ou au Niger. Dans des pays comme le Tchad, cependant, le colonisateur allait légaliser une justice coutumière qui, en pratique, revint à confier à des cadis le soin de rendre des sentences s'appliquant aussi à des populations non musulmanes. Certes moins visible qu'au Nigeria, la charia à la mode française fut en quelque sorte dissoute dans des modes de règlement tribaux.

Le moment des indépendances bouleversa évidemment la donne. Dans les années 1960, la mode était au nationalisme et au socialisme. On parla donc moins de la charia. Celle-ci n'avait pas pour autant disparu du débat politique. La question de son application revint en force au moment où l'argent facile du choc pétrolier des années 1970 permit aux pays du Golfe de financer des campagnes de prosélytisme à tout va. La fin de la guerre froide et l'écroulement des dernières illusions que des rebelles africains entretenaient encore à propos du marxisme consacrèrent alors le triomphe de l'islamisme comme alternative à l'échec du projet nationaliste des États postindépendance.

Avantages et inconvénients de la charia

En pratique, la charia n'avait en fait jamais disparu comme mode de règlement plus ou moins formalisé des disputes qui pouvaient agiter les populations de l'Afrique sahélienne. Les musulmans lui trouvaient plusieurs avantages. D'abord sa simplicité et sa rapidité : en l'absence d'un véritable juge d'instruction, il suffisait d'identifier un coupable (*dhâlim*) et une victime (*madhlûm*) pour rendre un verdict. Dans les affaires pénales, en particulier, l'objectif était surtout de superviser le versement d'une compensation de pair avec un pardon qui devait permettre de désamorcer l'engrenage infernal des vendettas.

La charia avait aussi le mérite d'être efficace et peu onéreuse. Elle ne réservait guère de mauvaises surprises car ses jugements étaient largement prédictibles, quitte à outrepasser les droits de la défense. De plus, elle était généralement moins chère que la justice tribale, qui nécessitait le paiement de prêtres traditionnels et le sacrifice de quelques bêtes. En principe, un cadi n'était pas censé réclamer quoi que ce soit : il rendait son verdict pour plaire à Dieu et non pour son gain personnel, même s'il recevait bien volontiers un dédommagement sous forme d'aumônes[1].

Au Mali et dans le nord du Cameroun ou du Nigeria, par exemple, la charia a pu sembler d'autant plus attractive que les chefs coutumiers ont vu leur légitimité s'éroder au cours du temps. Avant la colonisation, déjà, ceux-ci vivaient de l'exploitation d'une main-d'œuvre servile et du tribut versé par leurs vassaux. Après l'indépendance, ils ont en quelque sorte

---

1. Last, Murray [mai-août 2017], « The Sharia in context. People's quest for justice today and the role of courts in pre- and early-colonial northern Nigeria », *Sociétés politiques comparées*, n° 42, 17 p.

été « fonctionnarisés », « politisés » et « corrompus ». Aujourd'hui, ils dépendent désormais du bon vouloir des largesses de l'État, dont ils relaient bon gré mal gré les politiques sécuritaires, voire prédatrices, et ils n'ont pas forcément les vertus que les opérateurs de l'aide internationale leur prêtent pour devenir les courroies de transmission des politiques publiques de développement dans le monde rural.

Plus que les paysans, cependant, les milieux marchands des villes sont généralement les premiers à être favorables à une application plus stricte de la charia. En effet, la référence aux préceptes universels du Coran légitime leur commerce, garantit le droit contractuel et permet de s'affranchir de l'étroitesse du clientélisme « tribal » pour viser des marchés plus vastes sur la base d'une communauté de croyance. D'un point de vue économique, la charia semble parfois si performante que, dans le nord du Nigeria, il n'est pas rare que des commerçants chrétiens recourent aux tribunaux islamiques pour se faire payer des créances détenues par des musulmans.

Pour autant, il convient de ne pas surestimer l'attractivité de la charia. Au Sahel, les sondages disponibles permettent difficilement d'apprécier la popularité d'un modèle islamique qui n'exprime jamais qu'une demande de justice sociale par défaut d'État. En effet, la charia ne se réduit nullement à la catégorie pénale, dite *hudud*, des châtiments les plus sévères prévus pour l'adultère, le vol avec violence ou le meurtre : fouet, lapidation, amputation des mains, décapitation, etc. Elle est, beaucoup plus généralement, un code de conduite et un manuel de savoir-vivre. Demander à un musulman s'il est pour ou contre la charia revient un peu à demander à un chrétien de se prononcer pour ou contre l'ensemble des enseignements de la Bible.

Quoi qu'il en soit des sondages, l'engouement pour le droit coranique n'est en fait pas si évident. Dans le nord du Nigeria au sortir de la dictature militaire en 1999, par exemple, des politiciens musulmans ont promis monts et merveilles en prônant une islamisation de la justice afin de gagner des voix aux élections. Mais l'expérience n'a guère été concluante. Comme avant, les tribunaux islamiques ont surtout traité de litiges familiaux en matière de divorce ou d'héritage, sachant que, statutairement, ils n'avaient pas le droit de régler les conflits fonciers en milieu urbain. En pratique, les affaires pénales sont, pour l'essentiel, restées du domaine des cours de justice héritées du colonisateur britannique. Contrairement à l'Arabie saoudite, aucune peine de mort n'a été exécutée au nom d'un tribunal appliquant la charia. De même, personne n'a été lapidé ou décapité à la suite du jugement d'un cadi. Quant aux condamnations à des amputations, elles ont pratiquement toutes été suspendues, à l'exception de deux cas dans l'État de Zamfara en 2000 puis 2001 et d'un autre à Sokoto en 2001.

En effet, les gouverneurs en place ont généralement été réticents à confirmer des sentences qui pouvaient ternir leur réputation à l'international. Dans l'État de Kano, le plus peuplé du nord du Nigeria, les autorités ont ainsi accepté de prendre en charge le paiement du « prix du sang » (*diya*) pour éviter que, dans le cas de meurtres commis par des indigents, les familles des victimes ne soient tentées de réclamer une punition corporelle suivant la « loi du talion » (*qisas*). En fin de compte, le domaine d'application de la charia est resté à peu près le même qu'avant 1999. À présent, l'immense majorité des litiges continue d'être tranchée de façon informelle, même si les cours islamiques voient désormais passer plus des trois quarts des affaires poursuivies en justice, bien plus que les tribunaux relevant d'autres catégories[1].

Il faut dire que l'application de la charia pose de nombreux problèmes dans le cadre d'États modernes, en particulier au sein de sociétés multiconfessionnelles. Les contradictions semblent inévitables. Au Nigeria, par exemple, l'arrestation, l'inculpation et le transfert des suspects à des tribunaux islamiques sont censés être effectués par la police nationale, institution fédérale qui compte beaucoup d'agents chrétiens et qui ne cache pas sa réticence à promouvoir la charia. Ce sont également des avocats du ministère de la Justice qui décident du type d'instances

---

1. Ostien, Philip, Ahmed Garba & Musa Abubakar [2019], « Nigeria's Sharia Courts », *in* Tabiu, Muhammed, Abdul Raufu Mustapha & Philip Ostien (dir.), *Sharia Implementation in Northern Nigeria, Twenty Years On: Six Research Reports and an Overview*, à paraître.

devant lesquelles les prévenus doivent comparaître. Les tribunaux islamiques, enfin, n'ont pas échappé aux pressions de l'exécutif. Il est arrivé que des cadis acceptent des pots-de-vin et se révèlent aussi corrompus que la classe dirigeante qui les avait mis en place et que conspuaient les groupes djihadistes.

De ce point de vue, il est clair que la charia n'a pas tenu ses promesses. Les pauvres ont été les premières victimes de l'extension du domaine d'application pénale du droit coranique, tandis que les riches ont continué de piller les caisses de l'État en toute impunité. Les croyants en ont été pour leurs frais. La situation actuelle au Sahel et dans l'Afrique tropicale tranche avec l'ère précoloniale, quand des plaignants se convertissaient à l'islam pour être autorisés à solliciter le jugement d'un cadi et échapper à l'ordalie des modes de règlement tribaux de la justice traditionnelle. À présent, il est fréquent de voir des suspects renier leur religion et se dire non musulmans pour se soustraire à la brutalité des sentences de la charia[1].

Les djihadistes eux-mêmes ont contribué à rendre la charia inapplicable. Au cours des années 2000 et 2010, les deux États de la fédération nigériane les plus touchés par l'insurrection de Boko Haram, le Borno et le Yobe, ont ainsi été ceux qui enregistraient

---

1. Last, Murray [2000], « Children and the Experience of Violence: Contrasting Cultures of Punishment in Northern Nigeria », *Africa*, vol. 70, n° 3, p. 367; Keay, Elliot Alexander & Richardson, Sam Scruton [1966], *The Native and Customary Courts of Nigeria*, London, Sweet & Maxwell; Lagos, African Universities Press, p. 72.

le plus faible taux d'affaires portées devant des tribunaux islamiques. En effet, les rebelles s'en sont pris à
tous les symboles de l'État : commissariats de police,
bâtiments administratifs, écoles publiques, etc. Ils
n'ont donc pas hésité à brûler des tribunaux islamiques qui, selon eux, avaient le tort d'avoir été insti-
tués par un État impie ; à l'occasion, ils ont aussi tué
des cadis, au moins quatre selon certains décomptes[1].

Le retour du politique

La leçon est amère. Au Sahel, le contexte politique fait dire à certains que, finalement, les pays
soumis à l'épreuve du djihadisme n'ont le choix
qu'entre devenir intègres ou intégristes ! Or aucune
option n'a abouti. D'un côté, la charia n'a pas satisfait les demandes de justice sociale des musulmans
qui y voyaient une sorte de remède miracle contre
la corruption ambiante. De l'autre, les États sahéliens n'ont pas réussi à améliorer leur gouvernance
de façon significative. Certes, l'ère des dictatures
militaires a pratiquement disparu depuis la fin de la
guerre froide ; des régimes autoritaires sont également tombés au Soudan en 2019, au Burkina Faso
en 2014 ou au Niger en 2010-2011. Mais les fonda-
mentaux n'ont pas vraiment évolué. Au contraire, la
guerre contre le terrorisme a justifié la mise en place

---

1. Ostien, *op. cit.*

d'états d'exception et d'urgence qui ont favorisé les violations du droit et assuré l'impunité des forces de l'ordre. Aujourd'hui au Mali et dans la région du lac Tchad, on ne voit pas d'alternative se profiler pour réoccuper les territoires autrefois tenus par les insurgés. L'État reste désespérément absent, comme avant, et la France n'en peut mais.

Ainsi, on en revient toujours au même problème : la réponse à la menace djihadiste doit d'abord être politique et sociale, bien plus que militaire. Au Sahel, le défi est encore et toujours de construire l'État. De pair avec une croissance économique plus dynamique et inclusive, une démocratisation des régimes en place pourrait aussi permettre, en théorie, de désamorcer les tensions car le principe des élections est censé faciliter la résolution des conflits autrement que par la violence[1]. Il n'en demeure pas moins que, concrètement, personne ne sait trop comment améliorer la gouvernance des pays de la région. La question reste donc entière : qu'est-ce que l'armée française est venue faire dans cette galère ?

Parmi les cinq pays couverts par l'opération Barkhane, le Mali est particulièrement significatif. C'est là que le déni de la crise de l'État a été le plus criant. Dès le début de l'opération Serval en janvier 2013, l'armée française a donné l'impression de se tromper de cible : elle est partie à la conquête

---

1. Aksoy, Deniz [2014], « Elections and the Timing of Terrorist Attacks », *The Journal of Politics*, vol. 76, n° 4, p. 911.

de Tombouctou au lieu d'aller à Bamako mettre un terme aux affrontements entre les différentes factions de militaires maliens qui se disputaient le pouvoir depuis les mutineries et le coup d'État de mars 2012[1]. En décembre 2012, pourtant, la résolution 2085 du Conseil de sécurité de l'ONU avait clairement établi les priorités. Le premier objectif, le plus crucial, était de rétablir l'ordre constitutionnel à Bamako, avant de restaurer la souveraineté du Mali sur l'ensemble de son territoire, y compris au Nord.

Or, François Hollande et son ministre de la Défense, Jean-Yves Le Drian, ont fait exactement l'inverse, soi-disant sous la pression des événements. Ainsi, ils ont décidé de s'occuper d'abord de la charpente de la maison Mali en débarrassant le grenier septentrional de ses nuisibles, avant de descendre à Bamako tenter de construire les fondations d'un semblant d'État moderne et démocratique en organisant l'élection sur mesure du président Ibrahim Boubacar Keïta en juillet 2013.

Plusieurs raisons peuvent expliquer cette erreur de diagnostic. La haine des valeurs qu'incarnent les djihadistes a en effet conduit l'élite républicaine et laïque de la France, tous partis confondus, à développer une analyse tronquée des enjeux de la crise en niant le caractère politique des demandes de justice

---

1. Selon certains, l'opération Serval aurait aussi eu pour objectif de prévenir la possibilité d'un putsch contre le gouvernement de transition mis en place à Bamako avec le soutien de la communauté internationale. Ce point n'a jamais été confirmé officiellement.

que les insurgés exprimaient sous une forme religieuse. L'incompréhension est manifeste et se décline à travers quatre principaux registres qui sont étudiés dans les chapitres suivants et qui ont trait à des questions de terminologie, de globalisation, d'endoctrinement islamiste et, dans leur version matérialiste, de pauvreté.

De fait, la crise du Sahel est quasi systématiquement appréhendée en termes de terrorisme et non d'insurrection, ce qui contribue à fausser son analyse et à légitimer la mise en place de régimes d'exception qui violent l'état de droit. De plus, le djihadisme est largement perçu comme une menace globale et importée du monde arabe, ce qui permet aux gouvernements des pays concernés de botter en touche, de nier les racines locales des affrontements et d'occulter leur dimension politique. Dans le même ordre d'idées, le problème est imputé à une « radicalisation de l'islam » et à une mauvaise interprétation du Coran, prisme religieux qui, encore une fois, déporte le regard ailleurs en dédouanant les alliés africains de la France de leurs responsabilités dans la poursuite des hostilités. Enfin, la crise du Sahel est mise sur le compte de la pauvreté et non de l'accaparement des ressources par la classe dirigeante, une autre manière de dépolitiser le djihadisme en entretenant de grandes illusions sur les mérites de l'aide publique au développement pour acheter la paix sociale.

DES ERREURS
DE DIAGNOSTIC

CHAPITRE IV

LE PRISME DU TERRORISME :
UN JEU DANGEREUX

« *Vous demandez ce que l'on va faire des terroristes si on les retrouve. Les détruire, les faire prisonniers si c'est possible et faire en sorte qu'ils ne puissent plus nuire à l'avenir.* »
Conférence de presse du président François Hollande à Dubaï le 15 janvier 2013.

« *Il faut éradiquer le terrorisme où qu'il se trouve* » ; « *c'est contre le terrorisme que la France est en guerre* ».
Jean-Yves Le Drian, ministre de la Défense, interview dans Le Grand Rendez-vous, Europe 1, Paris, 13 janvier 2013.

Au Mali, la France n'a « *d'autre but que la lutte contre le terrorisme* ».
Déclaration du président François Hollande à l'Élysée le 12 janvier 2013.

Une guerre perdue

« Les forces armées françaises ont apporté leur soutien aux unités maliennes pour lutter contre des éléments terroristes… [Cette opération] durera le temps nécessaire. »
Message diplomatique envoyé par la France au Conseil de sécurité de l'ONU à New York le 12 janvier 2013[1].

Le récit dominant sur la crise du Mali et, d'une manière plus générale, au Sahel, insiste sur l'importance d'une menace qualifiée de « terroriste ». À l'Élysée, on trouve le terme plus neutre et rassembleur que celui « d'islamiste », qui pourrait heurter les musulmans de France, ou « d'insurgé », qui reconnaîtrait aux djihadistes un semblant de statut de combattant. Les éléments de langage sont importants. Ils doivent servir à satisfaire les exigences de l'électorat, aller dans le sens de l'opinion publique et mobiliser la communauté internationale pour obtenir l'approbation de l'opération Serval sous la forme de soutiens politiques, militaires et financiers.

Mais les mots utilisés pour comprendre les conflits de la région ont aussi une incidence directe sur la façon dont on entend traiter le problème. Ainsi, l'épouvantail d'un « terrorisme » à vocation internationale a très largement contribué à justifier la militarisation de la réponse de la France aux troubles que

---

1. https://www.lemonde.fr/afrique/article/2013/01/12/la-france-demande-une-acceleration-de-la-mise-en-place-de-la-force-internationale-au-mali_1816033_3212.html

connaissait le Mali. Partant, les dynamiques locales des conflits du Sahel ont assez systématiquement été replacées dans une perspective globale et menaçante pour l'Occident. Les attentats de septembre 2001 à New York, en particulier, ont laissé croire que, comme en Afghanistan, les zones de non-droit du Sahara allaient servir de refuge à des terroristes djihadistes aux ambitions planétaires.

L'émergence d'al-Qaïda n'a cependant pas été seule en cause. D'une manière générale, beaucoup de décideurs et de chercheurs ont eu des difficultés à comprendre la poursuite des conflits armés au sortir de la guerre froide, imaginant que l'atténuation des rivalités Est-Ouest allait amener la paix dans le monde. Au vu de la faiblesse des appareils étatiques de la région, la bande sahélienne a notamment fait figure de zone grise. Entre crime et politique, les combats qui s'y déroulaient ne relevaient ni de la guerre interétatique ni du conflit interne à proprement parler. Dans bien des cas, on y assistait plutôt à des sortes d'affrontements « par procuration » quand des gouvernements soutenaient clandestinement des mouvements de lutte armée opérant depuis leur territoire pour attaquer les pays voisins. Le scénario le plus classique était de voir des groupes insurrectionnels se jouer de frontières poreuses pour échapper à des armées nationales qui, légalement, n'étaient pas autorisées à exercer un droit de poursuite en dehors de leur aire de juridiction.

De telles situations, il est vrai, sont pour le moins embrouillées. À leur manière, elles évoquent des « guerres civiles internationalisées » à l'intérieur d'espaces transfrontaliers et troubles que certains chercheurs qualifient de zones de « mauvais voisinages[1] ». En effet, la terminologie traditionnelle des conflits armés n'a pas grand sens dans une région où l'on a très rarement connu des affrontements interétatiques entre troupes gouvernementales. Même en Europe, l'historien Ernst Nolte a ainsi pu parler de « guerre civile européenne » à propos des deux guerres mondiales qui ont ensanglanté un continent sujet à de nombreux remaniements de frontières et traversé par des idéologies totalitaires[2]. Dans le cas du Sahel, cependant, l'évolution du contexte international et la crainte du péril djihadiste après les attentats de septembre 2001 ont conduit à privilégier d'autres nomenclatures qui, désormais, considèrent comme terroristes des groupes insurrectionnels.

Une pareille labélisation a eu des conséquences directement opérationnelles sur le déroulement des conflits et le développement des hostilités. Du côté français, notamment, on a eu tendance à globaliser la menace alors qu'aucun des groupes djihadistes de l'Afrique subsaharienne n'avait jamais commis

---

1. Weiner, Myron [1996], « Bad neighbors, bad neighborhoods : an inquiry into the causes of refugee flows », *International Security*, vol. 21, n° 1, pp. 5-42

2. Nolte, Ernst [2000], *La Guerre civile européenne : 1917-1945*, Genève, Éditions des Syrtes, 665 p.

d'attentat en Europe ou en Amérique, contrairement à al-Qaïda ou à l'État islamique depuis les territoires de l'Afghanistan, de l'Irak ou de la Syrie. Analysée dans le chapitre suivant, la dramatisation du problème a été d'autant plus frappante qu'en pratique les troubles du Mali en 2012 n'affectaient pas directement l'intérêt national de la France, à moins de considérer que l'enlèvement de quelques ressortissants devrait à chaque fois nécessiter le déploiement outre-mer de plusieurs milliers de soldats. Dans cette perspective, le dispositif de Serval a semblé d'autant plus démesuré que, depuis 2009, les forces spéciales de l'opération Sabre étaient déjà à la manœuvre pour s'occuper spécifiquement des prises d'otages au Sahel.

Autre paradoxe, la mise en récit officielle de la menace a insisté sur l'existence d'un vaste complot djihadiste à l'international, de pair avec la permissivité d'une idéologie extrémiste en provenance du monde arabe : le wahhabisme. Résultat, la France républicaine et laïque a surdéterminé l'importance de l'élément religieux pour comprendre les conflits de la zone[1]. Cela a conduit les autorités à concevoir la sortie de la crise et la démobilisation des combattants en termes de dé-radicalisation et de dés-endoctrinement : avec des résultats décevants, à la

---

1. Pour une réflexion sur la tendance à « djihadiser » la lecture des conflits, voir aussi Pérouse de Montclos, Marc-Antoine [2018], *Déconstruire la guerre. Acteurs, discours, controverses*, Paris, Éditions Fondation de la Maison des Sciences de l'Homme, pp. 61-7.

hauteur de la qualité du diagnostic, comme on le verra dans le chapitre VII.

Le grand malentendu

Parmi toute une série de problèmes qui sont évoqués ci-dessous, l'usage du mot terrorisme a aussi eu pour inconvénient de justifier l'usage de la force brute, de légitimer les violations du droit, de renoncer à des approches plus subtiles, de fermer les possibilités de dialogue, de radicaliser les djihadistes et de criminaliser les secouristes en contact avec les insurgés pour négocier la distribution d'une aide aux populations dans le besoin. Dans les conflits armés, le droit international humanitaire, lui, distingue essentiellement les civils des combattants, que ceux-ci soient membres ou non de forces régulières. Mais en Afrique, le mot « terroriste » a fini par désigner un peu tout et n'importe quoi : des éleveurs de bétail au Mali ou au Nigeria, des pirates dans le Golfe de Guinée, des gangs de rue au Kenya, des opposants politiques au Tchad ou au Cameroun, etc.

Au niveau mondial, les États membres de l'ONU n'ont ainsi pas réussi à se mettre d'accord sur une définition commune et aucune convention n'a pu être signée en ce sens. D'un pays à l'autre, les listes noires des groupes désignés comme « terroristes » ne correspondent pas non plus. À meilleure preuve, il existe des différences significatives entre, par exemple, les *blacklists* des États-Unis, de l'Union européenne, de la Turquie ou de l'Arabie saoudite. Il faut dire que le mot « terroriste » est d'abord un adjectif qualificatif qui sert à diaboliser et à nier le caractère politico-militaire d'un ennemi tout en le distinguant du criminel de droit commun. Historiquement, on a donc pu voir des gens désignés comme « terroristes » devenir chefs d'État, à l'instar de Charles de Gaulle en France ou, en Afrique, de Jomo Kenyatta au Kenya ou de Nelson Mandela en Afrique du Sud, cela sans parler de Yasser Arafat à la tête de l'Autorité palestinienne.

En effet, le qualificatif « terroriste » entre aussi dans le cadre d'une guerre de communication et change du tout au tout en fonction des perceptions et des séquences d'un conflit. Il comprend indéniablement des éléments de subjectivation, quoi qu'il en soit de la nature des atrocités commises et des violations du droit international humanitaire. Autrement dit, le terroriste de l'un peut très bien être le héros de l'autre : un résistant et, dans le cadre d'une guerre sainte, un défenseur de la religion. Au Sahel, il ne s'agit pas d'exagérer la popularité somme toute très limitée des mouvements djihadistes, mais de signaler que les perceptions occidentales sont très éloignées des réalités du terrain.

Ainsi, le terrorisme ne constitue pas la principale menace à gérer pour les populations concernées, qui s'inquiètent bien davantage des risques de maladie, des frais de scolarité de leur progéniture, de la fréquence des pluies conditionnant les récoltes à venir et, sur le plan sécuritaire, du banditisme de grand chemin. Dans le centre du Mali, une étude menée auprès de quelque 2 000 personnes en novembre 2017 montre que les préoccupations locales concernent surtout le chômage et la corruption, loin devant l'extrémisme religieux[1]. Même dans les cercles dirigeants et nationalistes à Bamako, le véritable ennemi n'est finalement pas le djihadiste mais le séparatiste touareg, ce qui n'empêche nullement les élites occidentalisées de s'approprier le lexique des organisations internationales pour obtenir des financements.

Le problème ne tient pas qu'à des questions de formulation à des fins de communication politique et économique. D'une manière générale, le vocabulaire employé par les experts occidentaux du contre-terrorisme est tout simplement incompréhensible pour les populations locales, qui sont pourtant censées appuyer les efforts des gouvernements de la zone pour éradiquer la menace. Ainsi, le mot « terrorisme » est difficilement traduisible dans les langues vernaculaires. Chez les Haoussa et les Kanouri de la région nigérienne de Diffa, frontalière du Nigeria, on parle plutôt de « mauvais garçons » pour désigner les jeunes qui sont allés combattre dans les rangs de Boko Haram.

---

1. Geel, Florent, Antonin Rabecq, Drissa Traoré & Rémi Carayol [2018], *Dans le centre du Mali, les populations prises au piège du terrorisme et du contreterrorisme : Rapport d'enquête*, Paris, FIDH, p. 78.

Le prisme du terrorisme : un jeu dangereux

Le mot « terrorisme » crée la confusion. Dans les campagnes autour de la localité de Diffa, on entend parfois des villageois raconter que des « gens du terrorisme » sont venus faire une rafle, évoquant par là une opération de nettoyage des services antiterroristes. La brutalité de toutes les parties au conflit n'aide pas non plus à clarifier la situation. Dans le nord du Mali, on finit par ne plus très bien savoir qui enlève qui. Quand les soldats de l'opération Barkhane arrêtent des suspects, par exemple, ceux-ci sont emmenés à Bamako ou Gao sans pouvoir communiquer avec leur famille. Les habitants s'en plaignent : « C'est comme si c'est des bandits qui vous prennent[1]. »

De son côté, l'armée française persiste à figer le décor dans des catégories qui ne prennent pas en compte la fluidité des allégeances et la capacité des combattants à passer d'un camp à l'autre. Il est vrai que, dans tous les métiers, la multiplication d'acronymes plus ou moins artificiels semble être une garantie de professionnalisme. Déjà rompue à la création d'opérations aux noms parfois farfelus, l'armée française n'y échappe pas. Au Mali, elle a inventé sa propre classification avec les GAT (« Groupes armés terroristes »), les GAS (« Groupes armés signataires », sous-entendu des accords de paix d'Alger de 2015), qui ont refusé d'être désarmés, et les GADA

---

1. Chebli, Denia [27 juin 2017], « L'échec de l'intervention française au Mali », *Libération*. Accès : https://www.liberation.fr/debats/2017/06/27/l-echec-de-l-intervention-francaise-au-mali_1579931

(« Groupes armés d'autodéfense »), qui ont parfois repris les armes avec l'accord du gouvernement, cela sans oublier les FAMA (« Forces armées du Mali »), qui existaient déjà avant la crise.

Très rigide, une telle nomenclature méconnaît en l'occurrence la perméabilité des catégories, à commencer par la circulation d'un camp à l'autre des officiers touaregs qui, intégrés à l'armée malienne au cours des années 2000, s'étaient empressés de déserter pour rejoindre les insurgés en 2012. En réalité, les notables de la région se caractérisent par une sorte de « nomadisme politique » qui consiste, selon les intérêts du moment, à créer sa propre faction armée ou à prêter allégeance à tel ou tel mouvement. En pratique, l'armée française ne s'est d'ailleurs pas gênée pour reconnaître comme alliés miliciens des chefs de guerre qui avaient autrefois combattu pour le groupe Ansar Dine d'Iyad Ag Ghali, devenu depuis lors l'ennemi public numéro un de toute la région.

La dramatisation à outrance du terrorisme : un sentiment partagé

À sa manière, la lecture sans nuances de la menace djihadiste au Sahel est en fait symptomatique d'une peur qui se nourrit de représentations fort anciennes sur la sauvagerie de l'Africain et la violence intrinsèque de l'islam, désormais confondues dans un maître mot : le terrorisme. La France n'est sûrement pas la seule concernée par ce travers. La tendance à exagérer la portée du terrorisme et son incidence sur la sécurité au quotidien touche la plupart des pays occidentaux et des organisations internationales. La Banque mondiale, par exemple, n'est pas la dernière à entretenir le sentiment d'une augmentation générale de la violence qui contredit la tendance à la baisse observée par les spécialistes de la quantification des conflits armés[1]. Dans un récent rapport publié avec les Nations unies, elle évoque une explosion du nombre de victimes du terrorisme... qui s'explique en réalité par la tendance à classer de plus en plus de groupes insurrectionnels comme terroristes[2]. Certains chercheurs en sciences sociales ne sont pas non plus en reste. L'un d'entre eux s'inquiète ainsi de la multiplication des attentats suicides, de l'aggravation de leur létalité et de leur prolifération sur le plan spatial[3]. Le même auteur note pourtant que l'on a recensé 3 000 opérations de kamikazes japonais dans les derniers mois de l'année 1944. Toutes

1. Pinker, Steven [2011], *The Better Angels of Our Nature: The Decline of Violence in History and Its Causes*, New York, Viking, 802 p. ; Mack, Andrew *et al.* [2006], *Human Security Brief 2006*, Vancouver, University of British Columbia, Human Security Centre, 30 p.
2. United Nations, World Bank (dir.), *Pathways for Peace : Inclusive Approaches to Preventing Violent Conflict*, Washington, DC, World Bank, 2018, p. 24.
3. Moghadam, Assaf [2008], *The globalization of martyrdom: Al Qaeda, Salafi Jihad, and the diffusion of suicide attacks*, Baltimore, Johns Hopkins University Press, pp. 2, 4, 14 & 40 ss.

proportions gardées, c'est beaucoup plus que les 1 269 attentats suicides qui auraient occasionné plus de 16 000 morts sur une période autrement plus longue, entre 1981 et 2007.

Les nomenclatures et le mode de codage des événements signalés comme relevant d'actes terroristes jouent également un rôle. Concernant les attentats suicides, par exemple, la base de données utilisée n'a démarré qu'en 1981, avec une attaque contre l'ambassade d'Irak à Beyrouth, et elle n'inclut pas les violences perpétrées par des acteurs étatiques, telle l'armée japonaise pendant la Seconde Guerre mondiale. Un pareil biais peut alors laisser croire à tort qu'il n'existait pas d'attentats suicides avant 1981, ou bien que ceux-ci ont essentiellement concerné le monde arabe avant de se diffuser en Afrique subsaharienne. Dès la Révolution de 1789, la France connut pourtant un cas assez similaire quand un horloger de Senlis élimina 25 personnes en allant se faire exploser dans la foule avec sa machine infernale, cela sans parler des anarchistes du début du xxᵉ siècle.

Des inconvénients opérationnels de la labélisation terroriste

En réalité, si tant est que l'on se mette d'accord sur des définitions toujours discutables, les groupes dits « terroristes » tuent relativement peu de gens

Le prisme du terrorisme : un jeu dangereux

[voir l'encadré]. Qu'ils soient désormais désignés comme le principal risque sécuritaire à un niveau global devrait donc rassurer : cela montre à quel point le monde est devenu plus sûr depuis la fin des grandes tensions entre les superpuissances du temps de la guerre froide[1]. Au Sahel, la dramatisation à outrance de la menace djihadiste pose néanmoins de nombreux problèmes. Le premier d'entre eux est de susciter la panique, sachant que la peur est mauvaise conseillère et fait le jeu de l'ennemi. Au-delà de ses aspects meurtriers, le terrorisme est en effet une guerre de communication. L'exagération de son ampleur lui offre alors une formidable caisse de résonance à l'international. Ce travers est bien connu et, pour en limiter la portée, des spécialistes proposent par exemple que les médias se contentent désormais de relater les événements sans nommer ni montrer les groupes et les individus à l'origine des attentats et à la recherche de publicité[2].

---

1. Jervis, Robert [déc. 2011], « Force in our times », *International Relations*, vol. 25, n° 4, pp. 403-25.
2. Lankford, Adam & Eric Madfis [fév. 2018], « Don't Name Them, Don't Show Them, But Report Everything Else: A Pragmatic Proposal for Denying Mass Killers the Attention They Seek and Deterring Future Offenders », *American Behavioral Scientist*, vol. 62, n° 2, pp. 260-279.

Une guerre perdue

Les réalités de l'impact mortifère du terrorisme

Toutes proportions gardées, les groupes qualifiés de « terroristes » faisaient plus de victimes en Europe au cours des années 1970 et 1980 que les djihadistes aujourd'hui[1]. Rien qu'en France pendant la guerre d'Algérie de 1954 à 1962, les attentats terroristes et les règlements de comptes du Front de libération nationale ont causé la mort de plus de quatre mille personnes en métropole[2]. À l'échelle mondiale, les sources disponibles invitent aussi à relativiser l'impact mortifère du terrorisme. Sur 56 millions de personnes décédées dans le monde en 2012, par exemple, 800 000 se sont suicidées et 620 000 sont mortes victimes de violences, dont 500 000 dans des attaques résultant de la criminalité quotidienne, 120 000 du fait de conflits armés… et 7 600 à cause d'actes terroristes[3].

Les chiffres tirés des organismes de santé publique sont sans appel à cet égard. Les principales causes de mortalité dans le monde ne sont ni le terrorisme, ni la guerre, ni les catastrophes naturelles, ni la criminalité, ni même le suicide, mais, bien plutôt, la maladie et, dans une moindre mesure, l'accident. En 2015 à l'échelle planétaire, on a ainsi enregistré 128,8 millions de naissances et 54,7 millions de décès. Parmi ces derniers, 39,8 résultaient de maladies non transmissibles : accidents cardiovasculaires (17,9 millions), cancer (8,8), difficultés respiratoires (3,8),

---

1. Pinker, Steven [2018], *Enlightenment Now: the case for reason, science, humanism, and progress*, New York, Viking, p. 195.

2. Mathias, Gregor [2017], *La France ciblée. Terrorisme et contre-terrorisme pendant la guerre d'Algérie*, Paris, Vendémiaire, p. 37.

3. Harari, Yuval Noah [2017], *Homo Deus : une brève histoire de l'humanité*, Paris, Albin Michel, p. 25. Voir aussi Clauset, Aaron, Young, Maxwell & Gleditsch, Kristian Skrede [Feb. 2007], « On the Frequency of Severe Terrorist Events », *The Journal of Conflict Resolution*, vol. 51, n° 1, pp. 58-87.

Alzheimer (1,9), diabète (1,5), cirrhose (1,3), insuffisances rénales (1,2)… et abus de drogues (0,3). Les épidémies, les complications à la naissance et les problèmes nutritionnels avaient par ailleurs causé la mort de 11,3 millions de personnes, dont 3 du fait du sida, de la tuberculose et de la malaria. Les accidents, enfin, avaient été responsables de 4,7 millions de décès, les catastrophes naturelles étant quantité négligeable[1].

Bien sûr, on pourra toujours arguer qu'on ne meurt pas pour les mêmes raisons en Afrique, en Asie ou en Europe. Mais les ordres de grandeur ne changent pas fondamentalement. Des études plus fines à l'échelle du Kenya ou du Nigeria montrent également qu'en dehors des périodes et des zones de guerre, les accidents de la route constituent généralement la première cause de mortalité violente[2]. La disproportion des moyens déployés par les États de la région pour combattre le terrorisme plutôt que d'améliorer la sécurité routière n'en paraît que plus criante. Le constat vaut d'ailleurs aussi pour les pays développés.

En Afrique subsaharienne, le problème est aussi que l'insistance des autorités à exagérer la portée de la

---

1. Lancet (ed.) [2015], *Global Burden of Disease, Injuries and Risk Factors Survey : Global, regional, and national life expectancy, all-cause mortality, and cause-specific mortality for 249 causes of death, 1980-2015: a systematic analysis for the Global Burden of Disease Study.* Accès : https://www.thelancet.com/gbd

2. Bocquier, Philippe & Maupeu, Hervé [2005], « Analysing Low Intensity Conflict in Africa using Press Reports », *European Journal of Population*, vol. 21, pp. 321-345 ; Ukoji, Vitus [2016], « Trends and patterns of fatal road accidents in Nigeria (2006-2014) », *in* Pérouse de Montclos, Marc-Antoine (dir.), *Violence in Nigeria: A qualitative and quantitative analysis*, Ibadan, IFRA-Nigeria, Leiden, African Studies Centre, Waposo Series, n° 3, pp. 13-40.

menace djihadiste provoque d'immenses dégâts collatéraux en justifiant un recours disproportionné et inadapté à la force militaire. En principe, la réponse au terrorisme devrait être subtile et « intelligente » au sens britannique du terme, celui du renseignement. Elle est d'abord et avant tout une affaire de police et de justice, quoi qu'il en soit par ailleurs des racines politiques et sociales du problème. Or la France a fait le contraire au Mali en 2013, quitte à donner le sentiment de prendre un marteau pour aller écraser une mouche dans l'immensité des sables du désert.

À l'époque, l'Élysée disait vouloir empêcher les rebelles du Nord de s'emparer de Bamako et, par contrecoup, de l'ensemble des capitales des pays francophones de la région. Mais la perspective terrifiante d'un Sahel basculant dans l'escarcelle de fanatiques en armes ne correspondait guère à la terminologie du terrorisme tel qu'on l'entendait à propos des petites cellules d'activistes qui ensanglantèrent l'Europe des années 1970 et 1980. En pratique, les djihadistes du Mali et des pays de la zone ressemblaient davantage à des groupes insurrectionnels. Ils attaquaient des cibles militaires, tenaient du territoire, contrôlaient des populations, avaient une base sociale, avançaient des revendications politiques et visaient à prendre le pouvoir, ce qui ne les empêchait nullement de tuer aussi des civils et de perpétrer des attentats.

Certes, aucun des groupes en question n'a réussi à prouver sa capacité à gouverner, à administrer une région et à se transformer en parti politique, tant du fait de pressions externes que de divisions internes et d'une profonde désorganisation. De ce point de vue, les djihadistes n'échappent pas aux conclusions des scientifiques selon lesquelles les terroristes ne peuvent intrinsèquement pas gagner de guerre et n'obtiennent jamais ce qu'ils veulent sur le plan politique et militaire, à une ou deux exceptions près quand ils combattent des troupes d'occupation[1]. À tout prendre, les groupes insurrectionnels du Sahel aujourd'hui évoquent plutôt des guérillas amputées de la capacité à rallier les masses autour d'un véritable projet politique, à la différence des mouvements de libération nationale de l'Afrique subsaharienne à l'indépendance.

Dans un tel contexte, le prisme du terrorisme conduit à commettre des erreurs stratégiques. La première d'entre elles, et non des moindres, consiste à légitimer la brutalité de la répression et l'impunité des forces de l'ordre. En effet, l'exceptionnalité de la menace terroriste justifie la disproportion de la réponse et la mise en place d'états d'urgence qui permettent de museler toute forme d'opposition et qui reviennent en fait à sacrifier les valeurs et les vies que les démocraties disent vouloir défendre.

C'est particulièrement frappant lorsqu'on s'intéresse à la conduite des hostilités et aux violations du

---

1. Cronin, Audrey Kurth [2009], *How terrorism ends : understanding the decline and demise of terrorist campaigns*, Princeton, Princeton University Press, 311 p. ; Abrahms, Max [Autumn 2006], « Why Terrorism Does Not Work », *International Security*, vol. 31, n° 2, pp. 42-78.

droit international humanitaire. Les contradictions n'en sont que plus évidentes. D'un côté, les responsables politiques disent mener une « guerre globale contre le terrorisme ». De l'autre, ils refusent d'appliquer le « droit de la guerre » au prétexte que les terroristes sont des lâches qui ne méritent pas d'être considérés comme des combattants. À Guantanamo, les Américains refusèrent ainsi d'accorder un statut de prisonnier de guerre aux membres d'al-Qaïda capturés en Afghanistan ou au Moyen-Orient. Au Sahel, les terroristes sont généralement traités en criminels ; dans bien des cas, on ne sait tout simplement rien de leurs conditions de détention car les médias occidentaux préfèrent se focaliser sur la question des otages étrangers aux mains des insurgés et s'intéressent très peu au sort des prisonniers africains accusés de djihadisme.

L'argument des partisans de la suspension du droit humanitaire a aussi été que l'on assistait à l'émergence d'un nouveau type de guerre et que les règles d'autrefois n'étaient donc plus applicables. Selon certains chercheurs peu férus d'histoire, les belligérants ne respectaient plus rien. Non contents de massacrer des civils, ils s'en prenaient aussi aux secouristes et sont allés jusqu'à tuer le représentant spécial des Nations unies en Irak, Sergio Vieira de Mello, en 2003[1]. Oubliant qu'un autre médiateur de l'ONU,

---

1. Kaldor, Mary [2018], « War », *in* Allen, Tim (dir.), *Humanitarianism: a dictionary of concepts*, London, Routledge, pp. 340-51.

Folke Bernadotte, avait déjà été assassiné en Palestine en 1948, les théoriciens des nouvelles guerres ont ainsi confirmé le caractère prétendument inédit et exceptionnel d'un phénomène terroriste qui allait autoriser les démocraties occidentales et leurs alliés africains ou arabes à prendre des libertés avec le droit.

À présent, les partisans de la manière forte continuent d'avoir le vent en poupe au prétexte que les « barbares » djihadistes sont par nature fermés à toute perspective de négociation. Les « éradicateurs » à la mode algérienne arguent qu'il n'y a pas le choix. Pour douloureuse qu'elle soit, la répression serait la seule façon de venir efficacement à bout des djihadistes. Les partisans de la manière forte récusent l'idée selon laquelle la militarisation de la réponse au terrorisme exacerberait et prolongerait les hostilités. À meilleure preuve, disent-ils, les rackets, les exactions et les brimades des forces de sécurité ne suffiraient nullement à provoquer des révoltes islamistes. À les en croire, il n'y aurait pas de corrélation entre l'intensité d'une répression et la propension au djihad.

Ainsi, les pays d'Afrique où les musulmans sont minoritaires et stigmatisés ne seraient pas ceux où l'on observerait le plus de troubles à caractère religieux, quoi qu'il en soit par ailleurs des rapports de force existants. C'est par exemple le cas de la Tanzanie, dont le gouvernement à dominante chrétienne du président socialiste Julius Nyerere annexa en 1964 l'ancien sultanat omani de l'île de Zanzibar sans que cela suscite un djihad[1]. Il en va de même de l'Érythrée musulmane, qui perdit son statut d'autonomie et fut absorbée par l'Éthiopie chrétienne en 1962. Au Sahel, où les musulmans sont majoritaires, des régimes dits révolutionnaires et progressistes ont aussi pu s'en prendre aux milieux religieux sans provoquer de soulèvements islamistes. Au Mali à l'indépendance, la politique « socialiste » de Modibo Keita (1960-1968) heurta pourtant de plein fouet les intérêts économiques des marabouts tandis qu'au Burkina Faso la junte de Thomas Sankara (1983-1987) interdit aux femmes de porter le voile et essaya d'obliger les croyants à acheter des billets de la loterie nationale en dépit des interdits islamiques contre les jeux de hasard.

La guerre ne se fait pas sans casser des œufs, poursuivent les partisans de la force. Les exécutions extrajudiciaires et les massacres de civils seraient finalement bien peu de chose : le « prix du sang » à payer pour se débarrasser de la vermine djihadiste. Les populations locales seraient d'ailleurs favorables à l'emploi de la force brute. Ainsi, les habitants de Bamako et du sud du Mali ne semblent nullement déplorer les bavures à répétition de leurs militaires au Nord et dans la région centrale de Mopti. Nationalistes, ils continuent souvent d'avoir une

---

1. Aujourd'hui, ce sont plutôt les Swahili du continent qui, depuis Dar es-Salaam, entretiennent des contacts avec les Chebab de Somalie et leurs alliés sur la côte kenyane.

opinion positive de leur armée, comme au Nigeria. Face à la barbarie djihadiste, la conclusion serait donc sans appel : il faudrait des pouvoirs forts et inébranlables. Des études scientifiques le confirment à leur manière quand elles montrent que les groupes qualifiés de terroristes s'en prennent moins aux dictatures qu'aux démocraties, sans doute parce que ces dernières sont plus réticentes à user de la violence, plus sensibles aux impacts médiatiques et plus attentives aux humeurs de l'opinion publique[1].

Des approches manichéennes et destructrices

À l'analyse, il convient cependant de tempérer l'enthousiasme destructeur des partisans de la force. En effet, la répression qu'ils préconisent est contreproductive, entre autres parce que ses abus font le jeu des insurgés. En pratique, elle ne consiste pas seulement à user de la terreur silencieuse et plus ou moins discrète des États policiers dans des prisons, des camps disciplinaires ou des foyers de rééducation qui, pour certains, portent désormais le nom de centres de dé-radicalisation. Au Sahel, la guerre contre le terrorisme a plusieurs fois débouché sur des massacres publics qui, en retour, ont pu stimuler la protestation

---

1. Enders, Walter & Sandler, Todd [2006], *The political economy of terrorism*, Cambridge, Cambridge University Press, 278 p.

populaire et légitimer le basculement dans la lutte armée[1]. De fait, la violence appelle la violence. Bien qu'ils soient minimisés en Occident et dans les capitales africaines, les abus de la guerre contre le terrorisme sont très visibles dans les zones de conflits.

De plus, la disproportion et la brutalité de la réponse militaire ont radicalisé les djihadistes et incité certains d'entre eux à s'internationaliser en cherchant des soutiens à l'étranger. On a également conforté la position des jusqu'au-boutistes en interdisant toute négociation avec les terroristes et en privant les insurgés des protections du droit international humanitaire en cas de capture. Face aux abus de la répression, les stratégies militaires des djihadistes et leurs modes de recrutement ont alors évolué vers le pire. Au Nigeria en 2013, par exemple, la mise en place de milices paragouvernementales a poussé Boko Haram à s'en prendre davantage aux civils pour les dissuader de collaborer avec l'armée. De pair avec la fermeture des mosquées où la secte avait pour habitude d'attirer des fidèles sur une base volontaire, le groupe a aussi cherché à compenser ses pertes en commençant à enlever des jeunes pour les recruter de force, phénomène que l'on a d'ailleurs observé dans des guérillas au profil idéologique radicalement différent, telle la rébellion maoïste au Népal.

---

1. Francisco, Ronald [2005], « The Dictator's Dilemma », *in* Davenport, Christian, Hank Johnston, & Carol Mueller (dir.), *Repression and Mobilization*, Minnesota, University of Minnesota Press, pp. 58-82.

Le prisme du terrorisme : un jeu dangereux

La labellisation terroriste a ainsi favorisé des mécanismes qui, chacun à leur manière, ont contribué à entretenir et exacerber les conflits. La situation actuelle tranche avec les stratégies contre-insurrectionnelles qui, du temps de la guerre froide, visaient à « gagner les cœurs et les esprits » de la population afin d'encourager la coopération avec les forces de sécurité et d'isoler les guérilleros cachés parmi les civils. Aujourd'hui, les gouvernements concernés tentent certes d'acheter la paix sociale par le biais de projets de développement, comme on le verra dans le chapitre VIII. Mais la rhétorique manichéenne et civilisationnelle de la lutte contre le terrorisme ne pousse pas à la modération et au compromis.

Les armées africaines, en particulier, sont habituées à réprimer des civils. Le silence complice de leurs alliés occidentaux ne les encourage pas à faire preuve de retenue. Sur la scène politique intérieure, l'attitude souvent nationaliste de l'électorat contre une menace « venue de l'étranger » ne les incite pas non plus à prendre des gants. En général, les citadins de Bamako, Lagos ou Yaoundé ne se préoccupent pas vraiment des exactions commises par l'armée dans les campagnes où la guerre contre le terrorisme se déroule à l'abri des regards indiscrets. En brousse, le soldat peut donc continuer en toute impunité à tuer des civils qui, s'ils survivent, sont alors tentés de rejoindre les rangs des rebelles pour se défendre. Les abus nourrissent aussi des logiques de vengeance familiale, par exemple dans le sud de la Somalie et le nord-est du

Nigeria où les armées nationales, les milices locales et, parfois, les troupes de l'Union africaine ont profité du désarroi des victimes pour violer des femmes et des jeunes filles déplacées par le conflit[1].

Sont ainsi réunis tous les ingrédients qui peuvent contribuer à prolonger les conflits. À l'exception des échanges de prisonniers ou d'otages, la labellisation terroriste interdit toute négociation avec les groupes placés sur une liste noire. Au Mali, les accords de paix d'Alger, signés en 2015, sont significatifs à cet égard. Au prétexte qu'ils seraient par nature rétifs à tout dialogue, les djihadistes en ont été délibérément exclus alors même qu'ils étaient censés constituer la principale menace de déstabilisation du pays. Les autorités ont évidemment trouvé plus facile de négocier avec les groupes déjà ralliés au gouvernement ! Dans un tel contexte, l'armée française n'a pas non plus facilité la résolution politique des conflits. Au contraire, sa focalisation sur la lutte contre le terrorisme a contribué à contrecarrer les efforts des Nations unies en vue de promouvoir la paix : un constat dressé, entre autres, par le professeur canadien dont j'ai vainement essayé de publier un article du temps où j'étais rédacteur en chef de la revue *Afrique contemporaine*[2].

---

1. On peut lire à ce sujet les rapports de Human Rights Watch de septembre 2014 et octobre 2016.
2. Charbonneau, Bruno [2017], « Intervention in Mali: building peace between peacekeeping and counterterrorism », *Journal of Contemporary African Studies*, vol. 35, n° 4, pp. 415-31

Le prisme du terrorisme : un jeu dangereux

À plus long terme, force est de reconnaître que la diabolisation terroriste des djihadistes réduit également les possibilités de réconciliation et de réinsertion des combattants dans la perspective d'un retour à la paix. Les pays sahéliens ont développé une approche très déséquilibrée de la situation : contrairement au cas de la Colombie, ils n'ont nullement envisagé de compenser les victimes des forces de sécurité et pas seulement des groupes terroristes, à qui ont été imputés tous les torts. Les incitations à la paix sont tout aussi faibles du côté de l'armée ou de la police. Depuis la fin de la guerre froide et l'effacement du « péril rouge », l'antiterrorisme est devenu une véritable rente financière et diplomatique pour les régimes corrompus de la zone, alliés indispensables de l'Occident contre une « nouvelle » menace globale. Les appareils sécuritaires de la région ont vu leurs budgets exploser au détriment des dépenses en faveur de l'accès à la santé ou à l'éducation, contredisant la position des développementalistes selon qui la pauvreté et l'obscurantisme seraient le moteur essentiel du djihadisme.

Des raisons politiques ont également pu jouer. Pour les gouvernements élus du Niger, du Burkina Faso ou du Nigeria, la guerre contre le terrorisme est un moyen d'occuper les militaires et de les envoyer en brousse pour les éloigner des capitales et prévenir les possibilités de coup d'État ! Dans le même temps, la présence de troupes françaises ou américaines au Mali, au Niger ou au Cameroun sert de garde-fou contre le risque de putsch, avec un bonus qui n'est pas négligeable : elle décharge les armées nationales de leur mission de défense du territoire et leur permet de faire du business, une occupation beaucoup plus lucrative et moins dangereuse que de faire la guerre…

CHAPITRE V

LA BAUDRUCHE DE LA GLOBALISATION

France, Paris, début 2013

Je suis auditionné dans le cadre d'une mission d'information qui, présidée par Jean-Pierre Chevènement et Gérard Larcher, vise à préparer le vote du Parlement en vue d'autoriser la prolongation de l'intervention des forces françaises au Mali[1]*. Nous nous retrouvons dans un bureau non loin du palais du Luxembourg. Les questions fusent et je mets en garde mes interlocuteurs contre la tentation d'exagérer indûment la portée de la menace djihadiste au Sahel. J'insiste plutôt sur l'importance des dynamiques locales qui expliquent les insurrections dites islamistes dans des pays aussi divers que le Nigeria ou le Mali. Sur le plan opérationnel, l'internationalisation des groupes djihadistes est, pour moi, le scénario le*

---

1. Le rapport peut être consulté en ligne : Chevènement, Jean-Pierre & Larcher, Gérard, Rapport d'information « Mali, comment gagner la paix ? », Paris, Commission des Affaires étrangères du Sénat, avr. 2013, 135 p.

moins probable. C'est néanmoins celui que nos sénateurs retiennent pour justifier la nécessité de poursuivre l'opération Barkhane. Les précautions des chercheurs n'ont visiblement pas l'heur de plaire quand il s'agit de pondérer une analyse par trop globalisante.

Quelque part en France, dans un train, fin 2013

L'affaire Moulin-Fournier est encore présente dans bien des esprits. Avant d'être relâchée contre le paiement d'une rançon conséquente, cette famille française avait été enlevée en février 2013 dans le parc naturel de Waza, au nord du Cameroun, et avait été détenue par des hommes de Boko Haram, dont un que j'ai ensuite eu l'occasion d'interviewer à Maiduguri. À présent, l'actualité porte sur le rapt d'un prêtre français, toujours dans la même région, le long de la frontière entre le Nigeria et le Cameroun en direction du lac Tchad. Mon téléphone n'arrête pas de sonner. Le groupe Boko Haram est très mal connu en France et je trouve qu'il est de mon devoir de chercheur d'informer le grand public sur les ressorts de l'insurrection.

Un certain Thomas Loubière, journaliste au Monde, *me téléphone alors que je suis dans un TGV. Je ne le connais ni d'Adam ni d'Ève. Bien entendu, son appel est extrêmement urgent, il doit rendre son papier sur Boko Haram dans les heures qui viennent et mon seul choix est d'accepter l'entretien ou de raccrocher. On s'entend mal et je ne sais pas très bien si le journaliste a l'intention de me citer. Je ne prends donc pas la précaution de lui demander de me laisser vérifier l'exactitude d'un éventuel verbatim, si tant qu'il ait l'intention d'utiliser mon analyse pour écrire son papier.*

Or, à ma grande surprise, je découvre le lendemain une citation de mes propos selon laquelle Boko Haram aurait prêté allégeance à al-Qaïda. Je n'ai jamais dit cela, et pour cause : c'est complètement faux. Je proteste et obtiendrai que la version en ligne soit corrigée[1]. Mais je n'échapperai pas à d'autres surprises de ce genre en dépit des promesses de relecture des interviews, par exemple dans un hors-série de l'Obs consacré aux prétendues « guerres de religions » en novembre 2015. Cette fois sans correction possible avant publication : le numéro est déjà parti à l'imprimerie quand je reçois les épreuves alors que je suis à Maiduguri et que j'ai toutes les peines du monde à relever mes mails.

Niger, Diffa, début 2015

J'arrive à Diffa dans un petit avion à hélices du Programme alimentaire mondial des Nations unies. L'état d'urgence a été déclaré trois semaines auparavant et on estime que 90 % des habitants ont fui les combats

---

1. Loubière, Thomas [15 novembre 2013], « Entre le Cameroun et le Nigeria, "une frontière très poreuse" », *Le Monde*.

135

contre Boko Haram. Il n'y a pas d'hôtels ouverts, pas plus que de restaurants. À dire vrai, il n'y en a jamais vraiment eu. Frontalière du Nigeria et située à plus d'un millier de kilomètres de la capitale Niamey, la ville est assez petite et la clientèle n'est pas riche. Chaque fois que je suis allé à Diffa, j'ai eu faim, soit parce que les rares cantines du coin étaient fermées pour cause de ramadan, soit, aujourd'hui, parce que les civils sont partis.

Je suis arrivé avec quelques gâteaux secs et un sac à dos rempli de bouteilles d'eau. Je crains la soif, pas la faim. J'ai malheureusement assez de réserves de graisse pour envisager sereinement un jeûne éventuel ! À la guerre comme à la guerre : je loge à la caserne. On m'a donné le contact du commandant nigérien de la place, qui me trouve un bureau vide et poussiéreux où poser un lit de camp. La caserne est très vaste et le mur d'enceinte, mal entretenu, est entrecoupé de brèches qui ne permettent pas toujours de savoir où se situe vraiment la limite avec la brousse alentour. Le soir, je tombe sur un soldat français. Il a l'air surpris de me trouver là. Moi aussi.

Il fait partie d'un petit contingent d'une quarantaine d'hommes censés assurer la liaison entre les forces nigériennes et tchadiennes, histoire d'éviter les tirs amis entre deux alliés engagés dans la lutte contre Boko Haram. Je suis invité à partager la popote des Français, qui ont établi leurs tentes à l'écart des containers de la base-vie des Américains. J'avoue que je suis soulagé. La gastronomie de l'armée française a bonne réputation et je n'ai guère le choix. C'est ça ou les biscuits secs. On me *découpe un semblant d'assiette dans une bouteille d'eau en plastique et on me passe un genre de couteau suisse en guise de couverts. Je confirme : le rata n'est pas mauvais.*

Je me présente et explique la raison de ma visite dans ce camp. Je suis un chercheur, pas un mercenaire. On me prend aimablement en photo, sans doute pour véri-fier mon identité, mais personne ne révèle son nom de famille. Seuls les prénoms sont autorisés. La conversa-tion s'engage avec un homme des forces spéciales. Il opère des missions de reconnaissance du côté nigérian de la frontière et affirme qu'on aurait retrouvé au Sahara, à des milliers de kilomètres de là, des manuels d'instruc-tion militaire en kanouri, la langue des combattants de Boko Haram. C'est tout à fait improbable et, évidem-ment, il ne produit aucun document à l'appui de ses dires. En réalité, très peu de gens lisent et, encore moins, écrivent le kanouri dans le monde. Le propos vise surtout à démontrer les connexions entre les différents groupes djihadistes de la région, un peu comme si on voulait soutenir que les guérilleros fondamentalistes et prétendu-ment chrétiens de l'Armée de Résistance du Seigneur en Ouganda ou en Centrafrique donnaient désormais leurs ordres en latin.

La surdité sélective de certains parlementaires, les distorsions auditives de certains journalistes et les hallucinations linguistiques de certains officiers sont en fait révélatrices d'un problème plus général. Le défi djihadiste au Sahel doit absolument être global pour justifier des interventions militaires et vendre des journaux. Des histoires de va-nu-pieds qui prendraient les armes au nom du Coran ne sont guère audibles. Elles n'intéressent pas grand monde si elles ne sont pas aussitôt connectées à un péril qui touche directement les Français dans l'Hexagone, *via* al-Qaïda ou Daech. Mieux vaut donc, comme le ministre des Affaires étrangères Jean-Yves Le Drian, affirmer que « les groupes terroristes [du Sahel] représentent une menace globale[1] ».

Pour beaucoup de décideurs et d'observateurs, il est évidemment tentant de rattacher toutes les mouvances djihadistes à un tronc commun au prétexte qu'elles se revendiquent d'une approche radicale et violente du Coran. Bien que les situations soient très dissemblables, c'est alors l'Afghanistan qui est invoqué pour comprendre les crises locales en se référant au modèle d'un « arc de crise » qui s'étendrait d'un bout à l'autre de la bande sahélienne, de la Somalie jusqu'à la Mauritanie. En témoigne l'utilisation de néologismes tels que « Sahelistan » ou « Africanistan »[2]. Dans cette perspective, la menace terroriste est censée venir du Golfe arabo-persique et du Moyen-Orient. Suivant les versions, elle puiserait

---

1. Déclaration au conseil de sécurité de l'ONU à New York le 30 octobre 2017, citée par Châtaignier, Jean-Marc [mars 2019], « Sahel et France, enjeux d'une relation particulière », *Hérodote*, n° 172, p. 133.

2. Laurent, Samuel [2013], *Sahelistan*, Paris, Seuil, 370 p. ; Michaïlof, Serge [2015], *Africanistan : L'Afrique en crise va-t-elle se retrouver dans nos banlieues ?*, Paris, Fayard, 320 p.

ses racines profondes dans le wahhabisme saoudien, le chiisme iranien, le deobandisme pakistanais ou le salafisme des Frères musulmans égyptiens.

Les décideurs à l'épreuve d'une communication grandiloquente

Les inquiétudes des décideurs occidentaux et leur propension à considérer des conflits locaux ou régionaux dans une perspective mondiale viennent en partie de ce que l'Afrique subsaharienne a joué un rôle précurseur. En 1998, les attentats d'al-Qaïda contre les ambassades américaines à Nairobi et Dar es-Salaam avaient en effet annoncé ceux de 2001 à New York. Aujourd'hui, les revers de Daech en Irak et en Syrie font par ailleurs craindre que les combattants de l'organisation État islamique ne cherchent à se réfugier au sud du Sahara. L'immensité d'un désert traversé de nomades insaisissables et fondamentalement rétifs à l'autorité étatique se prête à toutes sortes de fantasmes en la matière. Certains agitent ainsi le spectre d'une cinquième colonne de djihadistes peuls et transhumants, une peur malheureusement relayée par le Parlement européen et des institutions néoconservatrices comme l'*Institute for Economics and Peace* en Australie[1]. D'autres supposent pour leur part que,

---

1. IEP [2016], *Global Terrorism Index*, Sydney, Institute for Economics and Peace, 104 p.

désormais, Daech prêterait plus d'attention à ses affiliés au Mali, autour du lac Tchad et en Somalie afin d'entretenir la réputation de l'organisation État islamique quant à sa capacité à pouvoir frapper n'importe où dans le monde. Selon un argument qui ne se vérifie guère sur le terrain, ces différentes mouvances seraient en train d'aligner leurs stratégies de combat, et pas seulement de communication.

Les amalgames, il est vrai, sont d'autant plus faciles que les groupes djihadistes portent parfois les mêmes noms, que les patronymes de la région sont souvent identiques et que les rebelles utilisent des pseudonymes qui, de façon très vague, font référence à leur communauté d'origine, à leurs particularités physiques, à leurs traits de caractère ou à des épisodes marquants d'un islam global. Au Nigeria, par exemple, la faction pro-Daech de Boko Haram a annoncé en mars 2019 le remplacement de son leader, Habib Muhammad Yusuf « al-Barnawi », par un certain Abu Abdullah Idris bin Umar « al-Barnawi », également surnommé Ba Idrissa. Le pseudonyme « Barnawi » désigne en l'occurrence un ressortissant de la région du Borno. Autrement dit, à un M. Dupont en a succédé un autre.

Les homonymies peuvent ainsi prêter à confusion en dépit des différences de doctrines et de mobiles qui distinguent des mouvances aussi diverses que la faction terroriste Ansar Dine d'Iyad ag Ghali dans le nord du Mali, la confrérie pacifique Ançar Dine de Chérif Ousmane Haïdara à Bamako ou la

société Ansar-ud-Deen qui, à Lagos, cherche à promouvoir l'accès des musulmans à une éducation
moderne de type occidental. En Sierra Leone, par
exemple, il existe un groupe de Frères musulmans
(*al-Ukhuwah al-Islamiyyah*) qui a été créé en 1958 et
qui n'a absolument aucun rapport avec l'organisation
politique des Frères musulmans d'Égypte (*Ikhwan
al-Muslimin*), constituée sous l'égide de Hassan al-
Banna en 1928[1].

Malgré leurs origines fort diverses, les groupes
djihadistes ont eux-mêmes pour habitude de se
rendre mutuellement hommage et de revendiquer
des connexions plus ou moins avérées avec d'autres
mouvances combattantes. Des attaques très locales
sont alors replacées dans leur contexte international
pour grossir l'événement. Il en va ainsi de l'assaut, le
19 janvier 2019, contre une base onusienne de militaires tchadiens au Mali par le Groupe de soutien à
l'islam et aux musulmans (*Jamaat Nusrat Al-Islam
wal-Muslimin*), qui a pris la suite d'AQMI. Le lieu
de l'attaque, Aguelhok, était symbolique : en janvier 2012, le massacre de soldats maliens y avait largement contribué à provoquer le retrait de l'armée
puis, peu après, le coup d'État du capitaine Amadou
Haya Sanogo à Bamako. Sept ans plus tard, le
Groupe de soutien à l'islam et aux musulmans allait
revendiquer trente victimes du côté onusien, tout en

---

1. Sanneh, Lamin [1997], *The crown and the turban : Muslims and
West African pluralism*, Boulder (Co.), Westview, p. 169.

prétendant avoir obéi aux instructions du chef d'al-Qaïda, Cheikh Ayman al-Zawahiri. Son communiqué parlait de représailles contre le gouvernement « apostat » du président tchadien Idriss Deby qui, à 2 600 kilomètres de là à Ndjamena, venait de recevoir son homologue israélien Benyamin Netanyahou dans le cadre d'une visite officielle.

En réalité, on pourrait tout aussi bien supposer que l'attaque du 19 janvier 2019 rentrait simplement dans le cadre d'une guerre asymétrique contre les forces de la coalition antiterroriste au Mali. Établir un lien avec la visite officielle de Netanyahou à Ndjamena permettait de donner une résonance globale à un assaut somme toute assez banal contre une caserne militaire. D'autres groupes djihadistes s'y sont d'ailleurs essayés avec plus ou moins de succès en cherchant à professionnaliser une politique de communication initialement limitée aux langues vernaculaires. C'est par exemple le cas d'un des chefs de Boko Haram, Abubakar Shekau. Dans un communiqué daté du 5 mai 2014, celui-ci menaçait ainsi de s'en prendre à Margaret Thatcher… près d'un an après sa mort, qu'il semblait ignorer ! Sans craindre le ridicule, il avait également trouvé le moyen de saluer les chefs d'al-Qaïda et de Daech tout à la fois, quoi qu'il en soit de leurs rivalités personnelles et de leurs désaccords idéologiques. Son objectif, en l'occurrence, était surtout de se donner de l'importance sur le plan médiatique.

La baudruche de la globalisation

Des trois principales mouvances djihadistes en Afrique subsaharienne, les Chebab de Somalie sont certainement ceux qui ont fait le plus de progrès en la matière. À une époque où les troupes de l'Union africaine à Mogadiscio ne disposaient même pas d'un département de communication opérationnel, ils se dotaient dès 2010 d'une fondation dite *al-Kataib* (le pluriel d'un « bataillon » *katiba* en arabe) pour diffuser des vidéos en anglais, en swahéli, en norvégien, en suédois et même en ourdou, et plus seulement en somali. Les Chebab ont également établi un ministère de l'Information pour gérer leurs sites Internet et leur réseau *al-Andalus* de radios et de chaînes de télévision. Dans le même temps, ils ont peaufiné leur propagande. Initialement, ils avaient surtout conspué l'impotence et l'illégitimité du gouvernement fantoche que la communauté internationale soutenait à bout de bras à Mogadiscio. Par la suite, cependant, ils ont commencé à élaborer des images plus subtiles pour démontrer leur capacité à infiltrer l'armée somalienne et à corrompre les soldats des troupes de l'Union africaine[1].

De son côté, la nébuleuse Boko Haram a aussi tenté de moderniser sa politique de communication en ralliant Daech en mars 2015 et en diffusant ses messages par le biais de l'agence de presse

---

1. Williams, Paul [2018], *Fighting for Peace in Somalia: A History and Analysis of the African Union Mission (AMISOM), 2007-2017*, Oxford, Oxford University Press, pp. 281-4.

de l'organisation État islamique, l'AMAQ (*Wakālat A'māq al-Ikhbāriyyah*). Mais le départ de dissidents en août 2016 a fragilisé la cohérence de la propagande du mouvement. Ainsi, la scission n'a nullement empêché la faction d'Abubakar Shekau de recommencer en mars 2017 à utiliser le logo de l'État islamique, qui l'avait pourtant répudié. Quant aux dissidents, ils ne se sont pas gênés pour diffuser des communiqués sans passer sous les fourches caudines de l'AMAQ. En mars 2019, par exemple, ils plaçaient l'organisation État islamique devant le fait accompli en annonçant un changement de direction au profit d'un certain Abu Abdullah Idris bin Umar « al-Barnawi », un cadre du mouvement dont le nom avait déjà été évoqué au moment de la rupture avec le « canal historique » d'Abubakar Shekau en août 2016.

Les décideurs et certains chercheurs n'en restent pas moins fascinés par les NTIC, les nouvelles technologies de l'information et de la communication. À en croire les spécialistes qui insistent sur le caractère transnational et interconnecté des divers mouvements djihadistes à travers le monde, Internet ne servirait pas seulement à diffuser des modèles révolutionnaires et des techniques de combat dont peuvent s'inspirer les réseaux terroristes d'Afrique comme d'Asie ou d'Europe. De pair avec les ambitions planétaires de l'idéologie d'al-Qaïda, les nouvelles technologies de la communication permettraient également de mettre en œuvre des coopérations tactiques ou stratégiques qui seraient plus ou moins formelles et qui iraient parfois jusqu'à la fusion entre plusieurs mouvements insurrectionnels[1].

Le problème est que de telles analyses ne correspondent guère aux réalités locales des pays où sévissent les groupes djihadistes de la Corne de l'Afrique, du lac Tchad et du Mali. Les études disponibles montrent en effet que les Chebab, Boko Haram et la nébuleuse d'AQMI ne recrutent pas par le biais d'Internet mais, bien plutôt, en jouant des solidarités lignagères, en forgeant des alliances matrimoniales et en offrant leur protection à des communautés stigmatisées par les forces de sécurité[2]. Quoi qu'il en soit des références aux idéaux universalistes du Coran et aux ambitions planétaires du message prophétique, la sociologie de l'engagement menée auprès de djihadistes emprisonnés en Afrique met ainsi en évidence l'importance des logiques de proximité et des liens de voisinage qui relativisent de beaucoup l'influence des idéologies et éloignent l'analyste du spectre d'une Internationale terroriste et islamiste. Le constat vaut d'ailleurs pour la France, où les spécialistes constatent que les « passages à l'acte [...]

---

1. Moghadam, Assaf [2017], Nexus of global Jihad : understanding cooperation among terrorist actors, New York, Columbia University Press, 380 p.

2. Pérouse de Montclos, Marc-Antoine [2018], *L'Afrique, nouvelle frontière du djihad ?*, Paris, La Découverte, 239 p. ; UNDP [2017], Journey to Extremism in Africa : Drivers, Incentives and the Tipping Point for Recruitment, New York, UNDP, 112 p.

dépendent essentiellement de dynamiques [communautaires] internes [et] des logiques d'escalade qu'impulsent des mesures institutionnelles coercitives[1] ».

Au Sahel, le rôle des NTIC dans l'embrigadement djihadiste est d'autant plus dérisoire que les zones touchées par les conflits comptent souvent parmi les moins connectées au monde. Pays le plus peuplé d'Afrique, le Nigeria – où est né Boko Haram – est assez typique à cet égard. D'après des chiffres de 2017, 51 % de la population y ont officiellement accès à Internet. Mais en pratique, moins de 10 % sont en mesure de participer à des réseaux sociaux et la connectivité y est inférieure à trois mégabits par seconde[2]. Le taux de pénétration de la téléphonie mobile, qui dépasse les 80 %, ne doit pas non plus faire illusion. D'abord, il est surestimé car les utilisateurs doivent acquérir plusieurs cartes Sim pour compenser les défaillances des fournisseurs. De plus, les disparités régionales sont énormes. Plus urbanisé, le Sud est bien mieux couvert qu'au Nord dans les régions rurales et musulmanes où évolue Boko Haram.

---

1. Bonelli, Laurent [2018], *La Fabrique de la radicalité*, Paris, Éditions du Seuil, p. 22.
2. Page, Matthew [2017], *Nigeria: What Everyone Needs to Know*, Oxford, Oxford University Press, p. 165.

Au-delà des fantasmes

Quoi qu'il en soit du possible alignement de leurs politiques de communication, les connexions globales des djihadistes du Sahel sont en réalité très limitées, notamment sur le plan opérationnel. Historiquement, seuls les groupes les plus anciens de la zone ont effectivement bénéficié d'un appui logistique d'al-Qaïda, en l'occurrence en Afrique de l'Est. Fondé fin 1988, le djihad érythréen a ainsi accueilli des combattants d'outre-mer et des vétérans de la guerre contre l'Armée rouge en Afghanistan, tout en recevant un soutien direct d'Oussama Ben Laden depuis le Soudan voisin, où celui-ci a vécu entre 1992 et 1996[1]. Les islamistes somaliens du groupe *al-Itehad* (« Union »), qui naquit dans la ville de Hargeisa en 1983, ont aussi bénéficié à la même époque d'un appui d'al-Qaïda.

Mais ces deux mouvances ont rapidement disparu. Au cours des années 2000, les organisations qui ont pris la suite du djihad érythréen deviendront même des alliés objectifs des États-Unis pour combattre le gouvernement d'Asmara, coupable d'appuyer les Chebab en Somalie. Quant au groupe *al-Itehad*, il s'est autodissous à la fin des années 1990. Seule une toute petite poignée de ses membres a décidé de poursuivre le combat en rejoignant les rangs des Chebab

---

1. Hansen, Stig Jarle, [2019], *Horn, Sahel and Rift: Faultlines, of the African Jihad*, London, Hurst, p. 56.

en 2006, à l'image de Hassan Dahir Aweys, un Hawiye de Mogadiscio et un ancien colonel de la dictature du général Siad Barré avant 1991. Aujourd'hui, les Chebab sont en fait les seuls à disposer d'un véritable relais outre-mer à travers la diaspora somali, avec quelques migrants de seconde génération qui ont pu revenir dans la Corne de l'Afrique pour commettre des attentats.

Contrairement à Daech, en revanche, les nébuleuses de Boko Haram et d'AQMI ne sont guère attractives pour les candidats au djihad venus d'Europe, d'Amérique ou du monde arabe. Leur recrutement est très local, à l'intérieur d'espaces aux frontières poreuses. En outre, aucun d'entre eux n'a commis d'attentats outre-mer, à la différence de Daech et d'al-Qaïda. Il serait trompeur à cet égard d'imaginer qu'AQMI au Mali serait un simple prolongement du GIA (Groupe islamique armé) en Algérie. Au milieu des années 1990, ce dernier a effectivement organisé des attentats terroristes en France. À Alger en 1994, il a notamment pris en otage un avion d'Air France qui fut finalement arraisonné à Marseille et que les services de renseignement ont un moment soupçonné d'avoir voulu s'écraser sur la tour Eiffel, comme en prélude à l'attentat d'al-Qaïda contre les tours du World Trade Center à New York en 2001. Mais il y a loin du GIA à AQMI, à la fois dans le temps et dans l'espace.

Dans le nord du Mali, en l'occurrence, AQMI est né bien des années plus tard d'une dissidence du

GIA, le GSPC (Groupe salafiste pour le combat). Certains de ses vétérans ont pu faire référence aux luttes d'antan. Fin 2012, par exemple, Mokhtar Belmokhtar a fondé au Mali un groupe éphémère, les Signataires par le sang (*Al Mouwaqi'oun Biddam*), qui a repris le nom du commando des pirates de l'air du GIA à Alger en 1994. Pour autant, AQMI s'est surtout immergé dans les milieux rebelles des Touaregs. En dépit de leurs invectives contre « l'impérialisme » français, ses combattants n'avaient plus rien à voir avec le GIA et n'ont jamais été en mesure de monter des attaques dans l'Hexagone. De ce point de vue aussi, l'opération Serval ne peut pas se comparer à l'intervention militaire des Américains en Afghanistan, en représailles aux attentats de New York en 2001. Si l'on considère le risque qui pesait sur la sécurité nationale en France, elle relève plutôt du registre de la guerre préventive dans un pays bien différent de celui où sévissait le GIA vingt ans auparavant.

Connues sous des noms assez divers, les mouvances des Chebab, de Boko Haram et d'AQMI sont en fait très déstructurées. Leur genèse est endogène. Malgré des fantasmes récurrents sur l'existence d'une Internationale islamiste, elles ne sont pas des excroissances d'al-Qaïda ou Daech et ne répondent nullement aux ordres d'un hypothétique commandement central qui coordonnerait leurs attaques depuis le sud de la Libye. Leurs allégeances à des mouvements djihadistes globaux sont d'abord opportunistes. En effet, les Subsahariens sont parfaitement capables de manipuler les Arabes suivant les besoins du moment. De l'aveu même d'un document interne à l'État islamique, le chef du « canal historique » de Boko Haram, Abubakar Shekau, a ainsi prêté allégeance à Daech en 2015 pour se maintenir au pouvoir, écraser ses opposants et faire face à la coalition antiterroriste qui venait de se monter contre lui avec les armées du Nigeria, du Niger, du Tchad et du Cameroun[1].

Sur le plan idéologique, les errements des Chebab, de Boko Haram ou d'AQMI montrent, à cet égard, toutes les limites des politiques de franchise de Daech ou d'al-Qaïda[2]. Pour les deux frères ennemis du djihad global, les groupes africains servent surtout à conforter leurs ambitions planétaires tout en se livrant à une sorte de guerre de communiqués. Mais les « branches » locales suivent leur propre agenda et dérogent au modèle professé par Oussama Ben Laden. Certaines s'obstinent à refuser d'obéir aux instructions en provenance du monde arabe, si tant est qu'il y ait le moindre effort de concertation sur le plan stratégique. D'autres menacent quant à elles de quitter une franchise pour basculer dans le camp adverse, moins regardant sur les « canons » de l'orthodoxie djihadiste.

---

1. Al-Barnawi, Abu Yusuf et al. [2018], *Cutting out the tumour from the Khawarij of Shekau by the allegiance pledge of the people of nobility*, n.d., Channel of Facts for Media, Translated by Aymenn Jawad Al-Tamimi.

2. Mendelsohn, Barak [2016], *The al-Qaeda Franchise : The Expansion of al-Qaeda and Its Consequences*, Oxford, OUP, 274 p.

La baudruche de la globalisation

Le cas de Boko Haram est particulièrement significatif à cet égard. Une fois que le groupe a basculé dans la clandestinité en juillet 2009, son leader Abubakar Shekau a fait exactement l'inverse de ce que lui recommandait AQMI dans une lettre écrite en octobre 2011[1]. À l'époque, les franchisés d'Oussama Ben Laden au Mali mettaient en garde leurs « frères nigérians » contre toute improvisation en matière militaire. AQMI invitait Boko Haram à patienter avant de lancer le djihad. Son conseil : mieux valait se concerter avec d'autres groupes dans le monde afin de frapper ensemble et d'avoir un impact global. Mieux valait aussi consulter les clercs islamiques afin de légitimer le recours à la lutte armée. Avant d'envisager toute attaque, il fallait bâtir une base sociale solide pour convaincre les croyants et gagner les cœurs et les esprits de la population. Au lieu de cela, souligne AQMI, Abubakar Shekau se lança dans des actions de représailles à courte vue, ignora les avis de la choura du fondateur de la secte, interdit à ses fidèles de rejoindre d'autres groupes djihadistes en Somalie ou en Algérie et s'aliéna la population locale en tuant essentiellement des musulmans.

---

1. Brigaglia, Andrea & Iocchi, Alessio [2017], « "Some Advice and Guidelines" : The History of Global Jihad in Nigeria, as Narrated by AQIM (al-Qaeda in the Islamic Maghreb) », *Annual Review of islam in Africa*, vol. 14, p. 34.

Des insurgés sans soutiens étatiques

Il convient ainsi de relativiser l'influence des modèles révolutionnaires d'al-Qaïda ou Daech en Afrique subsaharienne. Le contraste est saisissant quand on songe à l'envergure mondiale que les rivalités Est-Ouest donnaient d'emblée à des rébellions sahéliennes dont les connexions régionales s'inséraient dans le grand jeu militaro-diplomatique de la guerre froide. À présent, les insurrections qualifiées de djihadistes ne sont pas soutenues par des États, à la différence des guérillas d'autrefois. À l'occasion, elles bénéficient seulement de la passivité de gouvernements qui ferment les yeux sur leurs activités pour se prémunir de leurs attaques et les contenir dans les pays voisins.

Ce fut notamment le cas d'AQMI avec le Burkina Faso où, jusqu'à sa chute en 2014, le régime de Blaise Compaoré servit souvent d'intermédiaire pour négocier la libération d'otages. Relativement épargnée par les attaques de groupes djihadistes, la Mauritanie du général Mohamed Ould Abdel Aziz, arrivé au pouvoir en 2008, a également été soupçonnée d'avoir passé un pacte de non-agression mutuelle avec les terroristes. Selon certains auteurs, les Algériens, eux, auraient facilité l'implantation au Mali du groupe qui allait prendre le nom d'AQMI en 2007 : leur objectif était de se débarrasser ainsi de leurs propres djihadistes après la guerre civile qui avait suivi l'annulation de la victoire électorale du Front islamique de salut à Alger en 1990-1991[1]. Pour autant, aucun pays de la zone n'a officiellement soutenu les insurgés, à la différence des alliances formelles conclues avec des mouvements de lutte armée du temps de la guerre froide. L'Érythrée est sans doute le seul État du Sahel à avoir délibérément entrepris de livrer des armes aux Chebab de Somalie, en l'occurrence pour gêner l'ennemi éthiopien à la suite d'une guerre de frontière en 1998-1999. Sous le coup de sanctions économiques et diplomatiques, le Soudan islamiste de Hassan el-Tourabi, lui, a fini par rompre avec al-Qaïda après le départ de Khartoum d'Oussama Ben Laden en 1996.

Très à la mode à propos de la menace communiste du temps de la guerre froide, la « théorie des dominos » mérite à cet égard d'être reconsidérée lorsqu'elle impute aux groupes djihadistes la capacité de renverser les gouvernements de la région à la suite les uns des autres. À Niamey, par exemple, le régime du président Mamadou Tanja est tombé en juin 2010 pour des raisons qui n'avaient rien à voir avec des attaques terroristes. Il en va de même pour le président Blaise Compaoré suite à des manifestations de rues à Ouagadougou en octobre 2014. En Mauritanie encore, l'attaque de la caserne de Lemgheity par des Algériens du GSPC en juin 2005

---

1. Gèze, François & Mellah, Salima [2007], *AQMI ou la Très Étrange Histoire du GSPC algérien*, Berlin, Algeria Watch, 72 p. ; Keenan, Jeremy [2009], *The Dark Sahara: America's war on terror in Africa*, London, Pluto, 296 p.

a précipité mais pas causé la chute du régime du colonel Ould Sid'Ahmed Taya deux mois plus tard. Deux ans auparavant, ce dernier avait su venir à bout d'une tentative de coup d'État supposément menée par des opposants islamistes avec l'aide de mercenaires nigérians qui auraient ensuite participé à la fondation de Boko Haram au Nigeria.

Il est en fait très difficile de connaître l'état réel des connexions opérationnelles entre les différents groupes insurrectionnels de la zone. Dans un récit écrit en octobre 2011 et diffusé en avril 2017, un responsable d'AQMI devait mentionner la présence de 20 Nigérians parmi les 81 moudjahidin impliqués en septembre 2010 dans une « bataille » contre l'armée mauritanienne à Hassi Sidi, près de la frontière malienne[1]. Mais il ne précisait pas si ceux-ci avaient vraiment été envoyés par la mouvance de Boko Haram à Maiduguri, à près de 4 000 kilomètres de là. Il est possible que ces 20 Nigérians aient simplement participé à un mauvais coup parce qu'ils étaient arrivés en Mauritanie pour trouver du travail en étant prêts à se vendre au plus offrant. Nul ne le sait et, dans tous les cas, ni l'attaque de la caserne de Lemgheity en 2005 ni la bataille de Hassi Sidi en 2010 n'ont jamais menacé sérieusement le pouvoir dans la capitale Nouakchott.

---

1. Rashid, Sheikh Abu al-Hassan [Avr. 2017], *Shari'i pieces of advice and directives to the mujahideen of Nigeria, with an introduction by the Mujahid Sheikh Abu al-Nu'aman Qutaiba al-Shinqiti*, n.d., al-Andalus Foundation for Media Production, trad. Aymenn Jawad Al-Tamimi.

La baudruche de la globalisation

Indéniablement, les coïncidences et les enchaînements de circonstances ne suffisent pas à prouver l'existence d'un grand complot islamiste constitué sur la base de connexions étroites entre divers groupes insurrectionnels qui se concerteraient entre eux. Relayées par des consultants mal informés ou des journalistes avides de sensationnalisme, les supputations à propos des Nigérians de Boko Haram sont significatives à cet égard [voir l'encadré]. À partir de témoignages très discutables, des reporters britanniques devaient ainsi prétendre que ceux-ci avaient établi un camp d'entraînement de 300 hommes avec AQMI à Tombouctou dans le nord du Mali en 2012[1].

Le Nigeria, en l'occurrence, est le pays le plus peuplé d'Afrique, bientôt le troisième du monde d'ici à 2050. Il n'y a donc rien d'étonnant à trouver certains de ses ressortissants impliqués dans des trafics de drogue en Amérique latine ou dans de lointains combats djihadistes en Libye ou sur la péninsule arabique. Mais cela ne suffit pas à démontrer qu'ils auraient été envoyés à l'étranger sur ordre de Boko Haram, une nébuleuse elle-même très fragmentée et déstructurée, en l'absence d'un véritable commandement central. Récemment, des experts des Nations unies ont aussi prétendu qu'une faction du groupe affiliée à Daech

---

1. Pérouse de Montclos, Marc-Antoine [2015], « Du Nigeria au Maghreb : le chaînon manquant entre Boko Haram et al-Qaïda », *Maghreb-Machrek*, n° 222, pp. 111-22.

aurait revendiqué pour la première fois un attentat sur le sol malien, en l'occurrence en avril 2019 près de Ménaka avec l'assassinat de Hadana Ag Hainaha, un commandant militaire d'une milice touarègue alliée au Français, le Mouvement pour le salut de l'Azawad (MSA)[1]. Là encore, cependant, leurs assertions ont reposé sur des informations « confidentielles » et aucun document public n'est venu étayer leur affirmation sous la forme d'une vidéo ou d'un enregistrement audio. En pratique, il reste très difficile de vérifier les faits et d'en savoir plus sur l'éventualité de la présence de djihadistes venus du Nigeria.

Boko Haram, al-Qaïda, Daech et le Mali : une série de mésalliances

Les suppositions sur une implantation de Boko Haram au Mali sont très discutables et le récit qu'en fait AQMI est tout à fait éclairant en la matière[2]. Dans son document diffusé en ligne en avril 2017, l'organisation expliquait ainsi qu'un des leaders de Boko Haram, Abubakar Shekau, avait envoyé à sa rencontre une délégation composée d'un émir du groupe, Abu Muhammad, et de deux comparses, Khalid al-Barnawi et Abu Rayhana, qui, selon les

---

1. Koning (de), Ruben [2019], *Rapport final du Groupe d'experts créé en application de la résolution 2374 (2017) du Conseil de sécurité sur le Mali et reconduit par la résolution 2432 (2018)*, New York, Nations unies, p. 29.

2. Rashid, Sheikh Abu al-Hassan [avr. 2017], *Shari'i pieces of advice and directives to the mujahideen of Nigeria, with an introduction by the Mujahid Sheikh Abu al-Nu'aman Qutaiba al-Shinqiti*, n.d., al-Andalus Foundation for Media Production, trad. Aymenn Jawad Al-Tamimi.

djihadistes algériens, avaient déjà combattu avec eux au sein de la *katiba* (« brigade ») Tariq ibn Ziya. De son côté, Daech allait confirmer dans un autre message qu'après l'exécution extrajudiciaire du fondateur de la secte isla-miste à Maiduguri en juillet 2009, des Nigérians avaient effectivement pris contact avec AQMI pour obtenir des armes, des formations militaires et des financements[1]. Mais on ne sait pas si ces demandes ont abouti. Hormis un versement de 200 000 euros par AQMI, aucun élément tangible et vérifiable n'a permis de confirmer l'existence de transferts d'armes, d'argent ou de combattants en provenance d'al-Qaïda, sans même parler d'un camp de 300 hommes de Boko Haram à Tombouctou en 2012. Dans les médias ou les blogs de consultants, toutes les spéculations à ce sujet se sont en fait appuyées sur des rumeurs ou les assertions de « spécialistes » de la sécurité qui, bien entendu, refusaient de citer leurs sources[2].

Encerclée par une coalition antiterroriste composée de troupes tchadiennes, nigériennes, nigérianes et camerou-naises, une faction de Boko Haram allait finalement prê-ter allégeance à Daech en mars 2015, allégeance qui fut reconnue par un sbire d'Abou Bakr al-Bagdadi, le calife autoproclamé de l'organisation État islamique. Là encore, cependant, des discordances et des divergences sont vite apparues. En effet, la nébuleuse de Boko Haram dérogeait à l'orthodoxie salafiste et se révélait décidément bien peu

1. Al-Barnawi, Abu Yusuf et al. [2018], *Cutting out the tumour from the Khawarij of Shekau by the allegiance pledge of the people of nobility*, n.d., Channel of Facts for Media, trad. Aymenn Jawad Al-Tamimi. Accès : http://www.aymennjawad.org/21467/the-islamic-state-west-africa-province-vs-abu

2. Higazi, Adam, Brandon Kendhammer, Kyari Mohammed, Marc-Antoine Pérouse de Montclos et Alex Thurston, « A Response to Jacob Zenn on Boko Haram and al-Qa'ida », *Perspectives on Terrorism*, vol. 12, n° 2, avr. 2018, pp. 203-13.

obéissante. Les élucubrations d'Abubakar Shekau, dont les hommes avaient enlevé les collégiennes de Chibok en avril 2014, allaient notamment porter préjudice à la crédibilité de la mouvance djihadiste globale. Dans leur document d'avril 2017, les émirs d'AQMI confirmaient ainsi leurs suspicions à l'égard d'un leader perçu comme fantasque et même dangereux pour le mouvement lorsque, sous le coup de l'excitation ou l'emprise des drogues, il risquait de révéler des secrets susceptibles de faciliter la tâche des services secrets nigérians[1].

Des rebelles incapables de gouverner

Parmi tant d'autres, le cas de Boko Haram montre finalement qu'il ne faut pas prendre pour argent comptant la propagande de groupes qui revendiquent des connexions fantaisistes avec le reste du monde afin de se rendre plus importants qu'ils ne sont. Composées en grande partie de va-nu-pieds, les diverses mouvances djihadistes qui sévissent au Sahel n'ont en fait jamais démontré leur capacité à renverser des gouvernements et à gérer des États. À l'exception peut-être des Chebab dans le sud de la Somalie, les insurgés ont juste réussi à attirer quelques segments de la population en proposant un contre-projet de société sur la base d'un islam revisité pour les besoins

---

1. Rashid, Sheikh Abu al-Hassan [avr. 2017], *Shari'i pieces of advice and directives to the mujahideen of Nigeria, with an introduction by the Mujahid Sheikh Abu al-Nu'aman Qutaiba al-Shinqiti*, n.d., al-Andalus Foundation for Media Production, trad. Aymenn Jawad Al-Tamimi.

de la cause. À Tombouctou en 2012, par exemple, AQMI a supprimé les taxes de l'État, distribué de la nourriture aux indigents, financé des mariages religieux, imposé la gratuité des soins à l'hôpital et fourni eau et électricité sans exiger d'être payé. Mais un tel modèle économique n'était absolument pas tenable à terme. Dans la durée, aucun des groupes de la zone n'a su apporter la preuve de sa capacité à gouverner, et pas seulement à tenir des territoires.

L'idéologie même des djihadistes s'est construite par opposition à la notion moderne d'État. En Algérie, l'ancêtre d'AQMI, le GIA (Groupe islamique armé), avait ainsi répudié le principe d'élections dont les militaires avaient de toute façon annulé les résultats favorables au Front islamique de salut en 1991. Dans un sinistre détournement de sens, leur slogan, « un vote une balle », était à peu près l'inverse de celui de l'ANC (African National Congress), *one man one vote*, qui avait combattu les armes à la main pour que les Noirs d'Afrique du Sud puissent participer aux élections[1]. Au Nigeria, le fondateur de Boko Haram, Mohamed Yusuf, a également condamné les démocraties parlementaires et prôné un modèle théocratique au prétexte que Dieu ne pouvait accepter des gouvernements par et pour le peuple.

La trajectoire de la secte est instructive. Elle souligne en effet les contradictions et les limites d'une

1. Byman, Daniel [2008], *The five front war : the better way to fight global jihad*, Hoboken (N.J.), John Wiley & Sons, p. 24.

protestation islamiste qui, en condamnant les vices de l'éducation occidentale et en interdisant aux fidèles de trouver du travail dans une fonction publique jugée impie, s'est privée de la capacité à mobiliser des intellectuels, des ingénieurs, des médecins ou des enseignants pour construire un État alternatif. Le débat entre les salafistes légalistes et Mohamed Yusuf puis ses successeurs à la tête de Boko Haram en dit long à ce sujet. Appelés *Izala* (les « éradicateurs de l'innovation sacrilège »), les premiers étaient favorables à une stratégie d'entrisme dans l'État pour islamiser la gouvernance du Nigeria. Les seconds, eux, recommandaient au contraire d'éviter tout rapport avec les pouvoirs publics, quitte à se retirer du monde pour fonder sur terre une cité céleste et utopiste.

L'establishment salafiste, qui s'empressa de répudier Boko Haram, ne manqua évidemment pas de souligner les incohérences du discours de Mohamed Yusuf. Un des cheikhs les plus en vue des *Izala*, Jafar Mahmud Adam, moqua ainsi les anathèmes de la secte contre les hôpitaux et les écoles publiques alors même que le fondateur du groupe utilisait des médicaments, des voitures et des équipements qui avaient été conçus par des ingénieurs et des savants occidentaux et chrétiens. Le débat allait notamment se focaliser sur l'usage des cartes d'identité, question hautement symbolique de l'emprise des États modernes sur le citoyen musulman. Mohamed Yusuf n'avait-il pas utilisé un passeport nigérian pour se rendre en pèlerinage à La Mecque ? Son geste, expliquaient les détracteurs de Boko Haram, n'était pas blasphématoire et, sollicité par ses successeurs, l'organisation État islamique devait d'ailleurs autoriser les musulmans à porter des cartes d'identité pour, entre autres, échapper aux arrestations[1]. En soi, un document d'identification servait d'abord à recenser les habitants dans un périmètre donné. Pour les idéologues de l'État islamique, il ne témoignait nullement d'une quelconque allégeance à un gouvernement impie. Les croyants détenteurs de papiers d'identité ne méritaient donc pas d'être excommuniés et exécutés par les djihadistes, position qui allait à l'encontre de celle d'Abubakar Shekau, le successeur de Mohamed Yusuf à la tête de Boko Haram[2].

Chacun à leur manière, les idéologues de l'État islamique et d'al-Qaïda ont ainsi fait preuve d'un certain pragmatisme lorsqu'il leur a fallu composer avec les défis d'une modernité d'inspiration occidentale pour essayer de mettre en pratique une gouvernance de type islamique. À Tombouctou en 2012,

---

1. Al-Barnawi, Abu Yusuf et al. [2018], *Cutting out the tumour from the Khawarij of Shekau by the allegiance pledge of the people of nobility*, n.d., Channel of Facts for Media, Translated by Aymenn Jawad Al-Tamimi. http://www.aymennjawad.org/21467/the-islamic-state-west-africa-province-vs-abu

2. Ce dernier avait ainsi tué un cheikh de la choura du groupe, Abu al-Abbas Baba Gana Bulashiri, qui était originaire de la localité de Banki, sur la frontière du Cameroun, et qui avait autorisé les fidèles de la secte à porter des cartes d'identité pour pouvoir circuler dans la région. Abubakar Shekau n'a d'ailleurs pas pris la peine de répondre aux critiques de l'État islamique.

le commandement d'AQMI a également invité ses émirs à tempérer leurs ardeurs religieuses pour se concilier les bonnes grâces des habitants. Leur modération ne fut certes pas suffisante pour garder et exercer le pouvoir. Mais la tentative d'accommodement d'AQMI a témoigné d'une forme de réalisme politique qui contraste avec l'intransigeance de Boko Haram après l'exécution extrajudiciaire de son fondateur en 2009. Produites sous la forme de tautologies, les réponses de Mohamed Yusuf à ses détracteurs étaient déjà inconsistantes. Ses successeurs n'ont pas fait mieux et leurs incohérences ont plutôt mis en évidence leur profonde incapacité à gouverner et à s'emparer du pouvoir, quitte à contredire le récit anxiogène des décideurs politiques français et des adeptes de la « théorie des dominos » au Sahel.

CHAPITRE VI

L'OBSESSION RELIGIEUSE

Mali, Djenné, mi-2010

Djenné, c'est l'Afrique comme on l'aime : paisible, avec des couleurs qu'aucune carte postale ne pourra jamais restituer, ocre, rouge, jaune. La localité est surtout connue pour sa mosquée, classée au patrimoine mondial de l'humanité... et entièrement reconstruite par le colonisateur français en 1907. Le bâtiment en banco est strié de torons, des poutres de palmier rônier qui servent d'échafaudage pour refaire chaque année le crépi des murs. En principe, la mosquée est fermée aux infidèles mais on peut toujours donner un bakchich au gardien pour aller y chercher de l'ombre et y admirer les nombreux piliers de la salle de prière.

Mon « guide », Ibrahim Touré (le prénom et le nom ont été modifiés), m'emmène dans les ruelles tortueuses et pittoresques de la ville. La grande affaire du moment, m'explique-t-il, c'est la bataille du margouillat (basa kêlê en bambara), du nom de ce petit lézard vert qui aime grimper sur les murs et prend une couleur rouge au moment de la saison des amours. *La Fondation Aga Khan a en effet décidé de financer la restauration de la mosquée de Djenné avec des techniques modernes. Son initiative a suscité des protestations car elle a privé les habitants de la cérémonie annuelle du crépissage qui permettait de se retrouver dans une ambiance festive pour remettre en état les murs du bâtiment. Exceptionnellement, les jeunes maçons étaient alors autorisés à écouter des chansons de Bob Marley diffusées par les haut-parleurs du muezzin. Garçons et filles pouvaient également se baigner ensemble dans la rivière voisine pour y récupérer de la terre glaise : une belle occasion de nouer des amours, n'aurait été l'intrusion de la Fondation Aga Khan.*

Djenné est à 563 km de Bamako, une bonne journée de voiture, et à 171 km de Konna, la localité dont les djihadistes du Septentrion malien allaient s'emparer en janvier 2013, déclenchant la plus grosse opération militaire de la France depuis la guerre d'Algérie. Mais que tout ça semble loin : la fureur guerrière des rebelles touaregs, les trafics de drogue transsahariens, la contrebande d'armes en provenance de Libye, l'implantation d'al-Qaïda au Maghreb islamique. Djenné, c'est l'antithèse du djihadisme : le « bon » islam, tolérant et pluriel, ancré dans des traditions multiséculaires.

L'obsession religieuse

France, Paris, début 2017

La DGSE (Direction générale de la Sécurité extérieure) s'ouvre au monde de la recherche. Elle a décidé d'organiser un colloque sur « l'islam d'Afrique face à la montée des radicalismes ». La conférence se tient à la Maison de la Chimie, un bel hôtel particulier à deux pas des ministères et des centres du pouvoir exécutif à Paris. L'œil alerte et l'oreillette branchée comme preuve de leur professionnalisme, des hommes tout habillés de noir vérifient l'identité des invités, qui ont été dûment triés sur le volet. Une fois franchis les barrages de sécurité, il y a du champagne et des petits-fours. Voilà qui me change de nos habituelles conférences académiques où le chercheur doit s'estimer heureux quand l'administration française accepte de bien vouloir financer un peu de café froid et quelques biscuits secs.

Une autre surprise m'attend à l'intérieur du bâtiment. La plupart des conférenciers africains sont en fait des sympathisants soufis. L'un d'entre eux va même jusqu'à projeter une vidéo truquée et vraisemblablement montée par les services secrets nigérians pour justifier l'incarcération sans procès d'un leader chiite tenu au secret pour une durée indéterminée, malgré l'absence de charges et les injonctions à répétition de la Cour Suprême en vue d'obtenir sa libération. Comme de bien entendu, les soufis haïssent les salafistes. Ces derniers le leur rendent bien en critiquant leur corruption et leur collusion avec des pouvoirs autoritaires. Les soufis disent donc pis que pendre de leurs rivaux, qui sont accusés d'être des terroristes en puissance. Les points de vue ne sont guère équilibrés. Chercher à comprendre les subtilités de l'islam en Afrique en écoutant seulement des soufis, c'est un peu comme essayer d'analyser le conflit israélo-palestinien en ne donnant la parole qu'aux sionistes. Visiblement, la DGSE a encore beaucoup à apprendre en matière de théologie islamique.

Le spectre du salafisme

La question est d'abord de savoir si le fanatisme et l'endoctrinement religieux seraient vraiment à l'origine des insurrections qui ravagent aujourd'hui le Sahel. Beaucoup d'observateurs voient dans le salafisme la cause de tous les troubles de la région.

Diffusé à la mosquée et dans les écoles coraniques, celui-ci constituerait le terreau de l'extrémisme et aurait gagné la bataille idéologique contre des régimes corrompus et autoritaires. En conséquence de quoi, les imams et les marabouts les plus radicaux n'auraient rencontré aucune difficulté pour embrigader des jeunes chômeurs dans la guerre sainte en leur promettant le paradis. Les gouvernements africains ont eux-mêmes repris cet argument : la thèse du lavage de cerveau leur a en effet permis de se défausser de leurs responsabilités politiques dans l'émergence de protestations islamistes et la prolongation des conflits djihadistes.

De nombreux éléments invitent cependant à relativiser le rôle du fanatisme à travers une « radicalisation » de l'islam. En premier lieu, il n'est pas complètement évident que la poussée apparente de puritanisme au Sahel ait uniquement une base religieuse. En outre, la popularité des idéaux salafistes mériterait d'être testée au plus près du terrain. Leur succès doit beaucoup aux défaillances des États et s'est construit sur les décombres de projets nationalistes que l'on avait trop rapidement crus laïques au moment des indépendances. Pour autant, la pénétration des idées salafistes n'explique guère pourquoi certains pays de la région ont été plus ou moins épargnés par les insurrections djihadistes. En réalité, les dynamiques politiques locales ont été beaucoup plus déterminantes en la matière.

Le Soudan islamiste de Hassan el-Tourabi, par exemple, a muselé la protestation salafiste sur la scène intérieure et soutenu des groupes terroristes à l'extérieur ; en retour, il a été assez logiquement préservé de leurs attaques alors que la dictature au pouvoir à Khartoum prétendait déjà mener un djihad contre les sécessionnistes du Sud. Mais le scénario a été différent en Algérie. Les années de plomb de la guerre civile des années 1990 ont joué un rôle dissuasif. Après s'être débarrassés au Mali des derniers lambeaux du GSPC (Groupe salafiste pour la prédication et le combat), futur AQMI, les Algériens n'ont guère adhéré aux nouveaux mouvements djihadistes qui ont émergé au cours des années 2010. Toutes proportions gardées, ils ont très peu envoyé de jeunes combattre dans les rangs de l'État islamique en Irak et en Syrie, contrairement à la Tunisie, qui est censée être le pays le plus laïc du Maghreb.

Dans la région, le Sénégal et le Maroc vantent quant à eux les vertus de leur « islam du juste milieu », en l'occurrence soufi, pour expliquer pourquoi la pénétration des idées salafistes aurait été limitée et n'aurait pas débouché sur des appels au djihad. Mais à y regarder de plus près, il s'avère que leur stabilité politique doit beaucoup à leur mode de gouvernance. Au vu des standards habituels en Afrique de l'Ouest, le Sénégal se caractérise ainsi par une relative culture démocratique et sa capacité à gérer les conflits autrement que par la violence. Avec une croissance économique plus soutenue qu'en Algérie, le Maroc, lui, est dirigé par une figure religieuse, « commandeur des croyants », qui s'emploie à préserver un consensus autour de la personne du roi. Ses services de sécurité ont la réputation d'être efficaces et, dans la foulée des printemps arabes en 2011, la monarchie a engagé une politique d'ouverture en direction des milieux salafistes. En 2012, elle laissait ainsi des islamistes du parti Justice et Développement entrer au gouvernement et prenait soin d'assouplir sa politique carcérale à l'égard des derniers fondamentalistes maintenus en prison.

D'une manière générale, l'Afrique subsaharienne a bien moins été touchée par le salafisme que le monde arabe, en Afrique du Nord ou au Moyen-Orient.

L'obsession religieuse

Historiquement au Sahel, de nombreux courants réformistes ont vilipendé l'impiété et la corruption de la classe dirigeante au nom de doctrines issues tantôt du soufisme au XIXe siècle, tantôt du salafisme aujourd'hui. Certains ont débouché sur des violences ; d'autres, non, quoi qu'il en soit de la virulence des prêches. Au risque d'ignorer le contexte politique des révoltes islamiques d'antan, il serait donc assez réducteur de voir dans le djihadisme à présent une simple conséquence de l'affaiblissement de l'autorité religieuse des Anciens, qui a toujours fini par être contestée par les jeunes. S'il était besoin de preuves, on peut remarquer que le moment des indépendances n'a pas vraiment produit de résistances islamistes armées alors même que les pouvoirs coutumiers et religieux étaient très sérieusement attaqués et érodés au nom des idéologies nationalistes et socialistes en vogue à l'époque.

La protestation salafiste, elle, est arrivée assez récemment en Afrique subsaharienne, dans les années 1950 au Mali et au Sénégal ou 1970 au Nigeria. Mais elle reste surtout cantonnée aux milieux marchands des villes. De plus, les querelles doctrinales continuent d'échapper très largement aux masses, qui se déclarent musulmanes sans s'inquiéter de savoir si elles sont d'obédience soufie ou salafiste. Dans le même ordre d'idées, les distinctions entre les différentes confréries soufies ne concernent guère la majorité des croyants. En réalité, les affiliations aux écoles de pensée des Qadiris ou des Tidjanes de l'Afrique de l'Ouest correspondent moins à des divergences religieuses que, pour l'essentiel, à des traditions familiales ou communautaires.

Dans un tel contexte, il serait bien hasardeux d'affirmer que le salafisme aurait envahi les esprits des musulmans africains et qu'il serait devenu majoritaire au Sahel. Catégorie aux contours assez flous, la notion recouvre en fait une grande palette d'attitudes, du quiétisme jusqu'à la protestation publique. Façonnées en Égypte au cours des années 1920 mais issues de courants rigoristes qui leur étaient bien antérieurs, les doctrines dites « salafistes » sont plurielles et ont beaucoup évolué, finissant par échapper à la pensée de leurs fondateurs. De même que Karl Marx n'avait pas imaginé Joseph Staline, les tenants du « canon » salafiste ne se reconnaîtraient sûrement pas dans la propagande de Boko Haram aujourd'hui, pas plus que les promoteurs arabes et soufis des confréries qadiri ou tidjane n'avaient imaginé les prolongements que leur œuvre connaîtrait au sud du Sahara.

Il est d'ailleurs significatif que les divers mouvements djihadistes du Sahel tuent souvent des imams qualifiés de salafistes et répudiés du fait de leurs anathèmes contre le terrorisme ou de leurs « compromissions » avec les pouvoirs en place. Depuis Maiduguri dans la région du Borno, Boko Haram a ainsi entrepris de liquider les responsables des fondamentalistes nigérians appelés *Izala* (les « éradicateurs de l'innovation sacrilège »), qui avaient dénoncé l'imposture du fondateur de la secte, Mohamed Yusuf. Dès 2007, ce dernier a vraisemblablement commandité l'assassinat de Jafar Mahmud Adam, son ancien mentor salafiste dans la ville de Kano. On pourrait certes mettre cet attentat sur le compte de la vengeance et du règlement de comptes fratricide. Mais la liste noire des salafistes tués par Boko Haram a continué de s'allonger après l'exécution extrajudiciaire de Mohamed Yusuf par la police nigériane en 2009. Désormais pourchassé par l'armée et passé dans la clandestinité, le groupe a par exemple pris le temps d'aller assassiner les leaders des *Izala* à Maiduguri et Zaria, respectivement Bashir Mustafa « Kasharra » en 2010 et Muhammad Awwal Adam « Albani » en 2014[1].

Souvent violentes, les oppositions entre salafistes et djihadistes montrent bien que l'on ne peut confondre les deux types de démarches lorsqu'il s'agit de conquérir le pouvoir ou d'islamiser la gouvernance des États, les uns par la lutte armée, les autres par les urnes dans le cadre d'une politique d'entrisme adoptée, en l'occurrence, par les *Izala* du Nigeria. D'une manière générale, la galaxie djihadiste au Sahel résulte souvent de dissidences issues de groupes salafistes avec qui elle a rompu. Au final, il peut y avoir autant de différences entre les uns et les autres qu'au sein de la mouvance marxiste révolutionnaire entre

---

1. Mohammed, Kyari [2014], « The Message and Methods of Boko Haram », *in* Pérouse de Montclos, Marc-Antoine (dir.) [2014], *Boko Haram: Islamism, Politics, Security, and the State in Nigeria*, Ibadan, IFRA-Nigeria, Leiden, African Studies Centre, p. 19.

les socialistes et les communistes au sortir du congrès de Tours en 1920.

Dans tous les cas, il serait absurde de supposer que la lecture d'un pamphlet wahhabite conduirait automatiquement à l'attentat suicide. En soi, l'idéologie ne fait pas la violence : les Sahéliens n'ont pas eu besoin du salafisme pour mener les grands djihads du XIXe siècle, qui étaient portés par des doctrines soufies. À présent, ils légitiment leurs révoltes en faisant référence à un modèle révolutionnaire global qui dit s'inspirer du salafisme. Mais les combattants sur le terrain n'ont pas lu les penseurs du djihad. De plus, il convient de ne pas exagérer l'attention que les partisans d'un djihad mondial prêtent eux-mêmes aux querelles de doctrines. Autant al-Qaïda a cherché à se positionner comme un mouvement religieux en développant une théologie de la lutte armée pour justifier ses actes terroristes, autant Daech s'est présenté comme une organisation combattante et s'est beaucoup moins intéressé à la prédication[1].

Certes, les spécialistes pourront toujours arguer qu'il n'y a pas de djihadistes sans théorie du djihad[2]. Ce à quoi on leur objectera qu'il peut parfaitement y avoir une théorie du djihad sans djihad. La question dépasse en fait le débat sur la « radicalisation de l'islam ». On la retrouve sous d'autres formes à

---

1. Maher, Shiraz [2016], *Salafi-jihadism : the history of an idea*, Oxford, Oxford University Press, pp. 50 & 57.
2. Ould Ahmed Salem, Zekeria [2013], *Prêcher dans le désert : islam politique et changement social en Mauritanie*, Paris, Karthala, p. 183.

propos, par exemple, de la portée des idéologies dans la production de génocides en Allemagne pendant la Seconde Guerre mondiale ou au Rwanda en 1994. Loin d'être purement académique, le débat a d'évidentes conséquences pratiques. En admettant que les violences de masses résultent aussi d'un concours de circonstances, et pas seulement d'idéologies mortifères, la question est en effet de savoir si une gestion plus fine des tensions pourrait permettre d'éviter le désastre.

Boko Haram : une violence idéologiquement programmée ?

À cet égard, le cas de Boko Haram est significatif car il symbolise bien la façon dont la réaction de l'État nigérian a fait dégénérer la situation. Comme on l'a vu dans le chapitre II, les abus de la police lors de funérailles de membres de la secte ont en l'occurrence incité le fondateur de la secte, Mohamed Yusuf, à proclamer le djihad en 2009. Les exécutions extrajudiciaires et la brutalité de la répression militaire ont ensuite précipité la radicalisation du groupe qui, une fois rentré dans la clandestinité, a basculé dans la violence terroriste. Pour analyser l'impact des idéologies extrémistes, la question serait donc de savoir si une meilleure gestion de la crise aurait permis d'éviter le pire ou bien si la violence terroriste était inéluctable :

programmée, en quelque sorte, par le fanatisme religieux.

À première vue, le récit rétrospectif que fait de Boko Haram un fils de Mohamed Yusuf affilié à l'État islamique, Abu Yusuf Al-Barnawi, laisse à penser que le groupe a prêché le djihad dès ses débuts[1]. Mais il est possible que cette version de l'histoire ait surtout eu pour objectif de démontrer la compatibilité stratégique entre les deux organisations. En Irak et en Syrie, l'État islamique a en effet prôné la lutte immédiatement, à la différence d'al-Qaïda, qui préconisait d'abord de prêcher la parole prophétique et de patienter jusqu'à ce que les conditions soient favorables à l'émergence d'une révolution obéissant aux préceptes du Coran.

D'après le récit d'Abu Yusuf Al-Barnawi, la militarisation de Boko Haram a en fait été progressive, à mesure que la secte prenait de l'ampleur et poussait les autorités à prendre des mesures coercitives pour en limiter l'influence. Parmi les différents comités dont l'organisation s'est dotée, le militaire a été le dernier à être mis en place, en l'occurrence pour protéger les émirs du groupe et former leur garde rapprochée. Si l'on en croit Abu Yusuf Al-Barnawi, les fidèles de la secte à Maiduguri avaient déjà réussi à se procurer des kalachnikovs et des explosifs lorsque la crise a

---

1. Al-Barnawi, Abu Yusuf et al. [2018], *Cutting out the tumour from the Khawarij of Shekau by the allegiance pledge of the people of nobility*, n.d., Channel of Facts for Media. Accès : http://www.aymennjawad. org/21467/the-islamic-state-west-africa-province-vs-abu

éclaté en 2009. Dans les États voisins du Bauchi et du Yobe, en revanche, ils n'avaient pas d'armes et ils sont partis au combat en bravant la mort avec de simples bâtons pour aller piller les arsenaux des commissariats de police de la ville de Potiskum.

Pour justifier l'option de la lutte armée, l'État islamique a aussi cherché à mettre en évidence la persécution que, de manière plus générale, les croyants auraient subie à l'échelle du Nigeria tout entier. Dans son hagiographie de Boko Haram, Daech a notamment rappelé le tragique épisode des massacres de Zango Kataf dans l'État de Kaduna en 1992, lorsque des musulmans pourchassés par des chrétiens tentèrent en vain de trouver refuge dans des casernes militaires et des commissariats de police où ils furent livrés à leurs assaillants. Le récit de l'État islamique devait ainsi insister sur la nécessité de venger les enfants et les femmes qui, pour certaines enceintes, auraient alors été lynchées et brûlées vives par les « Croisés », après qu'on les eut forcées à chanter des cantiques.

Avant que la crise n'éclate en 2009, les prêches de Boko Haram ont également appelé les fidèles à résister spirituellement et physiquement à l'impiété du pouvoir politique, à l'ostracisme de l'establishment musulman et aux brutalités policières. Le fondateur de la secte, Mohamed Yusuf, ne préconisait cependant pas d'attaquer directement les représentants de l'État, à la différence d'éléments extrémistes connus sous le nom de « Talibans du Nigeria ».

Peu nombreux et plus ouverts à des idéologies djihadistes globales, ceux-ci avaient commencé dès 2003-2004 à attaquer des postes de police dans des régions frontalières du Niger et du Cameroun. Poursuivis par l'armée, ils avaient ensuite dû se réfugier à Maiduguri, où ils s'étaient rapprochés du prêcheur le plus vindicatif de la ville, Mohamed Yusuf. Mais ce dernier était davantage porté au compromis. Il avait cherché à négocier avec les autorités une application plus radicale de la charia et avait conclu des arrangements politiques avec le gouverneur à l'époque au pouvoir dans l'État du Borno. Les témoignages de l'époque rapportent ainsi qu'en dépit de la vigueur de ses prêches, Mohamed Yusuf faisait partie des « colombes » qui cherchèrent à tempérer l'ardeur guerrière des « faucons » issus des rangs des « Talibans du Nigeria »[1].

De la diversité des facteurs de recrutement dans le djihad

D'une manière générale au Sahel, les enquêtes disponibles sur la trajectoire des combattants qualifiés de djihadistes invitent en fait à relativiser le rôle déterminant que les décideurs politiques veulent assigner à des idéologies extrémistes. Parmi la soixantaine de

---

1. Ogori, Abdul Kareem [18 déc. 2010], « Return of the Boko Haram », *Politico*, pp. 11-16.

membres supposés de Boko Haram que j'ai pu rencontrer en liberté ou en prison au Nigeria, au Niger et au Tchad entre 2010 et 2017, par exemple, seulement un disait avoir rejoint le groupe en écoutant les prêches du fondateur de la secte, c'est-à-dire avant que le mouvement ne rentre dans la clandestinité suite aux massacres de l'armée et de la police nigérianes en 2009. De même en Somalie, un seul des 129 Chebab interviewés dans un « centre de dé-radicalisation » de Mogadiscio en 2018 citait des raisons religieuses pour expliquer son ralliement aux insurgés, en l'occurrence après avoir adhéré au discours nationaliste des imams opposés à l'invasion éthiopienne de 2006[1]. Dans la plupart des cas, les combattants du groupe étaient surtout motivés par un sentiment de discrimination économique et politique à l'égard de leur communauté[2]. Des enquêtes menées au Mali en 2016 auprès de 63 anciens djihadistes confirmaient également que le motif religieux avait occupé une place marginale dans la mobilisation des fantassins au sein d'AQMI et de ses diverses « succursales »[3].

1. Khalil, James, Rory Brown, Chris Chant, Peter Olowo & Wood, Nick [2019], *Deradicalisation and Disengagement in Somalia: Evidence from a Rehabilitation Programme for Former Members of Al-Shabaab*, London, RUSI, p. 15.
2. Ingiriis, Mohamed Haji [2018], « Building peace from the margins in Somalia: The case for political settlement with Al-Shabaab », *Contemporary Security Policy*, vol. 39, n° 4, p. 518.
3. Theroux-Benoni, Lori-Anne *et al.* [2016], *Jeunes « djihadistes » au Mali : Guidés par la foi ou par les circonstances ?*, Dakar, Institut d'études de sécurité, Note d'analyse n° 89.

Bien entendu, on pourra toujours arguer que ces échantillons sont trop ténus pour être représentatifs de la situation en général au Sahel. De plus, les motivations des combattants peuvent évoluer au cours du temps. Mais des études plus larges des Nations unies confirment la tendance en relativisant le rôle de l'endoctrinement religieux dans la mobilisation djihadiste[1]. Surtout, elles font apparaître une multitude de motivations qui ne sont finalement pas très différentes de celles des guérilleros des mouvements qualifiés de marxistes du temps de la guerre froide. Les réseaux familiaux et les liens d'amitié facilitent indéniablement les recrutements. On prend les armes pour venger des parents assassinés et se protéger des exactions des forces gouvernementales, des seigneurs de guerre ou de clans rivaux. Ou bien on se bat par opportunisme économique : pour participer aux pillages, pour défendre ses intérêts, son troupeau, son lignage, son territoire…

À sa manière, le djihad exprime aussi la révolte des jeunes contre le pouvoir et l'immobilisme des Anciens. L'accès aux femmes a joué un rôle non négligeable à cet égard. En effet, les salafistes ont condamné le syncrétisme des cérémonies traditionnelles et le coût de la dot africaine, dénoncée comme une coutume préislamique. Ils ont ainsi permis aux jeunes d'avancer l'âge du mariage en échappant aux

---

1. UNDP [2017], *Journey to Extremism in Africa : Drivers, Incentives and the Tipping Point for Recruitment*, New York, UNDP, 112 p.

pesanteurs familiales et aux prescriptions des Anciens. On a retrouvé ce phénomène dans les rangs de Boko Haram au Nigeria aussi bien que des Chebab en Somalie[1]. De même dans le nord du Burkina Faso, les prêches de Malam Ibrahim Dicko et du groupe Ansarul Islam ont attiré les jeunes en dénonçant l'ostentation et le fardeau financier de mariages traditionnels qui, en brousse, pouvaient coûter jusqu'à dix fois plus que le salaire minimum mensuel en ville[2].

Iyad Ag Ghali : un cas d'islamisation de la radicalité au Mali

La variété des motifs d'entrée dans une rébellion djihadiste oblige ainsi à reconsidérer l'impact de la variable religieuse. Dans le nord du Mali, par exemple, on a assisté à une sorte d'islamisation de la radicalité plutôt qu'à une radicalisation de l'islam. La jonction entre les rébellions touarègues et les insurrections de type djihadiste est très révélatrice à cet égard. Elle est particulièrement bien illustrée par

---

1. Pérouse de Montclos, Marc-Antoine [2016], « A sectarian Jihad in Nigeria: the case of Boko Haram », *Small Wars & Insurgencies*, vol. 27, n° 5, pp. 878-95 ; Khalil, James, Rory Brown, Chris Chant, Peter Olowo & Wood, Nick [2019], *Deradicalisation and Disengagement in Somalia: Evidence from a Rehabilitation Programme for Former Members of Al-Shabaab*, London, RUSI, 40 p.
2. ICG [2017], *Nord du Burkina Faso : ce que cache le jihad*, Brussels, International Crisis Group, 21 p.

la trajectoire d'Iyad Ag Ghali, aujourd'hui ennemi public numéro un de l'armée française en tant que leader du « Groupe pour la victoire de l'islam et des musulmans » (*Jamaat Nusrah al-Islam wal-Muslimin*).

Issu de la noblesse du clan des Ifoghas et fils d'un chef mort lors de la première rébellion touarègue à l'indépendance, en 1963-1964, celui-ci était d'abord parti en exil, où il avait combattu dans les rangs de la Légion islamique de Mouammar Kadhafi en Libye puis de l'Organisation de libération de la Palestine au Liban. À l'époque, il avait la réputation d'être un bon noceur et ne rechignait pas à boire de l'alcool. De retour au pays, Iyad Ag Ghali a ensuite fondé le Mouvement populaire de l'Azawad en 1990 et pris la tête d'une révolte séparatiste qui devait se conclure par un accord de paix censément appliqué à partir de 1996. Officiellement réconcilié avec le gouvernement à Bamako, il fut alors nommé en 2007 consul du Mali à Djeddah, en Arabie saoudite, avant d'en être expulsé pour ses liens supposés avec al-Qaïda en 2010[1]. Les contacts avec les djihadistes d'AQMI, en l'occurrence, avaient été facilités par son cousin Abdelkrim al-Targui, qui avait fondé une *katiba* (« brigade ») touarègue appelée *Al-Ansar*. Écarté des courants indépendantistes coalisés au sein du

---

1. Touchard, Laurent, Baba Ahmed & Chérif Ouazani [2 octobre 2012], « Iyad Ag Ghali, rebelle dans l'âme », *Jeune Afrique* ; Gonin, Jean-Marc [26 janvier 2013], « Iyad Ag Ghali, le djihadiste touareg », *Le Figaro.*

Mouvement national de libération de l'Azawad (MNLA), Iyad Ag Ghali en profita pour se réinsérer dans le jeu politique en lançant sa propre faction islamiste, *Ansar Dine* (« Les défenseurs de la foi »), début 2012.

D'aucuns estiment ainsi que son parcours a été très pragmatique, voire opportuniste, adoptant les idéologies du moment suivant les besoins de sa cause. Dans le même ordre d'idée, certains observateurs soulignent que les Peuls du nord du Mali ont commencé à rejoindre le Mujao (Mouvement pour l'unicité et le djihad en Afrique de l'Ouest) pour protéger leurs troupeaux et échapper aux exactions des Touaregs du MNLA en 2012, et non pas parce qu'ils auraient été fanatisés par des imams radicaux. Des considérations d'ordre matériel et non spirituel ont également poussé de simples éleveurs à rallier la *katiba* du Macina dans le centre du Mali ou le groupe *Ansarul Islam* dans la région du Liptako-Gourma au Burkina Faso.

Des inconvénients pratiques de l'obsession religieuse

Les modalités de recrutement des combattants dits djihadistes obligent alors à revenir sur les inconvénients pratiques d'une lecture par trop religieuse des dynamiques insurrectionnelles à travers le Sahel.

L'obsession des décideurs politiques et des militaires français quant à la puissance d'attraction et d'endoctrinement du salafisme a en effet conduit à privilégier un traitement du problème en termes de « prévention des violences extrémistes » et de « déradicalisation » des esprits. Consacrées par les spécialistes de l'antiterrorisme, ces expressions sont censées fournir des solutions aux deux extrémités des crises, avant et après les hostilités. Le problème est qu'elles barrent la route aux options alternatives, quitte à reproduire les travers de l'usage abusif du mot « terrorisme ».

La notion de « radicalisation » est en réalité assez réductrice, voire filandreuse. Sa diffusion paraît surtout répondre à un effet de mode. Bien que ses promoteurs s'en défendent, la notion est étroitement associée aux perceptions des décideurs quant à l'impact d'un fanatisme bien spécifique, celui de l'islam dit « radical ». Elle n'était pas utilisée à propos des terroristes européens des années 1970 et fait implicitement référence aux djihadistes depuis les attentats contre le World Trade Center à New York en 2001[1]. Au Sahel, plus particulièrement, son usage permet d'occulter les causes politiques des insurrections islamistes en se focalisant sur les modalités de recrutement à un niveau individuel, plutôt que de

---

1. Coolsaet, Rik [2019], « Radicalization: The Origins and Limits of a Contested Concept », *in* Fadil, Nadia, de Koning, Martijn & Ragazzi, Francesco (dir.), *Radicalization in Belgium and the Netherlands*, London, Tauris, p. 41.

s'intéresser aux raisons profondes d'un basculement communautaire dans la violence.

Pourtant, on sait fort bien que les personnes dites « radicales » ne passent pas forcément à l'acte et, inversement, que d'autres peuvent être très violentes sans professer d'idées radicales. Dans le même ordre d'idées, il arrive que des militants se désengagent d'une lutte armée sans pour autant se dé-radicaliser et renier leurs idées extrémistes : ils quittent plutôt une organisation rebelle en considérant que leurs chefs ont trahi des idéaux révolutionnaires. Publiées pour l'essentiel en anglais, les recherches sur la « radicalisation » ne sont en fait pas très convaincantes. D'après les spécialistes, près de la moitié d'entre elles ne sont pas rigoureuses, tant sur le plan méthodologique qu'empirique[1]. À peine 1 % se base sur des enquêtes de terrain et des entretiens avec les combattants. Les autres consistent plutôt à recycler des matériaux de seconde main et à critiquer des articles déjà parus[2] !

Aujourd'hui, il semble d'ailleurs que les décideurs soient en train de prendre leurs distances avec une notion contestée et contestable. Bien souvent, on parle désormais de désengagement plutôt que de dé-radicalisation. Certains évoquent aussi des trajectoires

---

1. Neumann, Peter & Scott Kleinmann [2013], « How Rigorous is Radicalisation Research? », *Democracy and Security*, vol. 9, n° 4, p. 360-382.

2. Silke, Andrew [2008], « Holy warriors: exploring the psychological processes of jihadi radicalization », *European Journal of Criminology*, vol. 5, n° 1, pp. 99-123.

de « conversion au terrorisme » pour évoquer un basculement brusque dans la violence, plutôt qu'un lent glissement vers la lutte armée. En général, on continue néanmoins de parler de radicalisation plutôt que de mobilisation ou d'engagement, notions qui reviendraient à reconnaître le caractère politique du combat djihadiste. Il est vrai que le terme d'engagement peut également prêter à confusion. En effet, le ralliement à des groupes djihadistes n'est pas toujours volontaire, loin de là. Tandis que les captifs sont parfois obligés de combattre avec leurs ravisseurs, notamment les enfants soldats, beaucoup de jeunes prennent en fait les armes afin de fuir la brutalité des forces gouvernementales ; ils n'ont pas trop le choix et n'entretiennent aucune illusion sur les possibilités de réforme sociale à travers une application plus rigoureuse de la charia.

Dans tous les cas, l'impact des doctrines extrémistes doit être relativisé quand on veut comprendre le déroulement des conflits et tenter d'y mettre fin. Pour l'Élysée, il est évidemment plus facile d'imputer le djihadisme au salafisme, plutôt que de mettre publiquement en cause le rôle des alliés de la France et de leurs forces de sécurité dans le déclenchement et la poursuite des hostilités. Mais une telle approche entérine des politiques antiterroristes qui sont bien trop axées sur les questions religieuses et qui, sous prétexte de vouloir « dé-radicaliser » les esprits, s'interdisent de mettre en œuvre les procédures de démobilisation habituellement utilisées pour terminer les guerres contre-insurrectionnelles. Le décalage est d'autant plus manifeste qu'une amélioration de la gouvernance des alliés africains de la France et de leur réponse militaire au défi djihadiste reste le préalable indispensable à toute sortie de crise. Une gestion plus fine des conflits permettrait par exemple de tirer parti des atrocités commises par les insurgés pour les couper de leur base sociale, plutôt que de les légitimer en brutalisant les civils.

En attendant, ce ne sont pas les politiques de dé-radicalisation qui, en Afrique subsaharienne, permettent de limiter la diffusion des idéologies extrémistes en provenance du Moyen-Orient, mais, bien plutôt, le racisme des djihadistes arabes et leur profond mépris pour des Noirs considérés comme des descendants d'esclaves. Dans une vidéo diffusée le 5 mai 2014, le chef du « canal historique » de Boko Haram, Abubakar Shekau, déclarait ainsi qu'il n'accepterait jamais de passer sous les ordres d'un Saoudien. « Je sais bien que je suis noir, disait-il. Ces salauds d'Arabes trompent le monde sous prétexte qu'ils ont la peau blanche et qu'ils parlent mieux arabe que moi. Mais Boko Haram, c'est ma révolte et je veux seulement suivre la voie du prophète, rien d'autre[1]. » Dans le même ordre d'idées, le leader de

---

1. Pérouse de Montclos, Marc-Antoine (dir.) [2014], *Nigeria's Interminable Insurgency? Addressing the Boko Haram Crisis*, London, Chatham House, Research Paper, p. 18 ; Kassim, Abdulbasit & Michael Nwankpa (dir.) [2018], *The Boko Haram Reader : From Nigerian Preachers to the Islamic State*, London, Hurst, p. 306.

la katiba du Macina au Mali courant 2016, Amadou Koufa, devait dénoncer dans un prêche la lâcheté des Wahhabites qui prônaient le djihad tout en refusant d'engager le combat. « Ce sont soit des peureux soit des hypocrites au service des Français[1] », concluait-il.

Au sein de la nébuleuse djihadiste, les conflits entre « peaux noires » et « teints clairs » ont également provoqué des dissensions. En témoignent la dissidence des Mauritaniens du MUJAO par rapport aux Algériens d'AQMI en 2011 ou le schisme en 2012 de Boko Haram entre la faction internationaliste d'Ansaru, proche d'al-Qaïda, et la mouvance locale d'Abubakar Shekau, héritière d'une secte recrutant surtout en pays kanouri dans le Borno. De ce point de vue, il apparaît que les rivalités internes aux mouvements insurrectionnels peuvent constituer un moyen efficace d'enrayer leur capacité d'action. Les djihadistes n'hésitent pas à s'entre-tuer lorsqu'ils sont en désaccord sur des questions de stratégies, d'objectifs, de commandements ou de théologies prohibant l'assassinat de civils musulmans. Encore faudrait-il que les alliés de la France au Sahel sachent mieux exploiter ces divisions, plutôt que de succomber aux sirènes et aux financements européens ou américains des programmes de « dé-radicalisation ».

---

1. ICG [2019], *Speaking with the « Bad Guys »: Toward Dialogue with Central Mali's Jihadists*, Brussels, International Crisis Group, p. 12.

CHAPITRE VII

Prévention et dé-radicalisation

Tchad, région de Bol, mi-2017

Nous errons en brousse aux abords du lac Tchad, quelque part entre Baga Sola et Bol. La nuit ne va pas tarder à tomber et il nous reste peu de temps pour aller à la rencontre des « revenants » de Boko Haram, ces « personnes en situation de reddition », comme disent les humanitaires. On m'a dit pouvoir les trouver dans le camp de Koulkoumé III. Il n'y a pas de GPS pour localiser l'endroit, pas plus évidemment que d'indications ou de panneaux de signalisation. Les dunes sont sablonneuses mais le terrain reste suffisamment dur pour que notre Land Cruiser puisse les franchir sans trop de difficultés. De temps en temps, on aperçoit des gazelles. C'est presque beau, même si le lac, peu profond, ne paie pas de mine.

Enfin nous parvenons au camp de Koulkoumé III. Également appelés « retournés », « repentis » ou « rendus », les « revenants » de Boko Haram sont accroupis sur une natte et nous commençons la discussion sous l'œil intrigué de mon « escorte », un garde armé d'un vieux fusil. Il s'agit de pêcheurs boudouma qui vivaient sur les îles du lac. Un jour, ils ont été approchés par des combattants de Boko Haram qui ne leur ont pas donné d'autre choix que de les rejoindre ou d'être tués. Leur formation militaire et religieuse a été des plus succinctes et ils ont vite été envoyés participer aux attaques de la secte. Dès qu'ils ont pu, ils ont alors cherché à s'enfuir. Certains craignaient des rétorsions contre leurs familles restées entre les mains des insurgés. D'autres s'inquiétaient du sort que leur réserverait l'armée tchadienne s'ils se rendaient.

Ils ont en l'occurrence été désarmés quand ils sont arrivés sur l'île de Kaiga Kindjine. Transférés et placés en détention à Baga Sola, ils ont été longuement interrogés par les services de sécurité et dûment identifiés par les notables de la région. Le préfet de la place, Dimouya Souapebe, m'a raconté qu'il n'a bientôt plus su quoi faire de ces gens. Les conscrits boudouma de Boko Haram étaient tout à la fois des victimes et des auteurs de violences. Il a donc décidé de les installer dans le lycée momentanément laissé vacant par les civils qui avaient fui les combats. Personne ne se préoccupait de nourrir les « revenants ». Il a fallu solliciter la générosité des commerçants locaux pour leur apporter des vivres.

Au bout de six mois, Dimouya Souapebe a finalement décidé de relâcher les anciens combattants de Boko Haram. Il n'y eut pas de procès, pas de programmes de dé-radicalisation, pas de tentatives de rééducation de gens qui n'avaient en fait jamais été endoctrinés. Les

« *revenants* » *boudouma de Boko Haram sont simplement repartis aux abords du lac en espérant qu'on leur donnerait des bateaux pour pouvoir recommencer à pêcher.*

Maroc, Marrakech, début 2018

L'imam « Abou Hafs » est relativement connu au Maroc. Mohammed Abdelwahab Rafiqi de son vrai nom, il a été accusé d'avoir cautionné les attentats terroristes les plus meurtriers du pays, qui visaient des lieux touristiques à Casablanca en 2003. Au total, il a passé neuf bonnes années en prison, où il a opéré une profonde transformation intérieure et mentale. En 2010, il rejetait publiquement l'usage de la violence ; en 2012, il était finalement gracié par le roi Mohammed VI. À sa sortie de prison, « Abou Hafs », redevenu Mohammed Abdelwahab Rafiqi, a ensuite rejoint une petite formation, Renaissance et Vertu, qui accueillait d'anciens détenus salafistes et qui venait de quitter le giron du parti islamiste Justice et Développement. Il s'est proposé de lutter contre les extrémismes religieux et s'est progressivement mué en imam libéral, aujourd'hui décrié par ses amis d'autrefois parce qu'il préconise de partager les héritages à égalité entre femmes et hommes.

D'une certaine manière, Mohammed Abdelwahab Rafiqi fait figure de modèle pour les partisans des programmes de dé-radicalisation qui visent à désendoctriner les djihadistes en prison. Il me raconte son histoire dans un français parfait. Fils unique, il est né dans une famille salafiste qui l'avait destiné à devenir imam. Il a suivi ses études à la fois à l'école coranique et à l'école publique, d'abord à Casablanca, puis à Fès. « Pas facile, dit-il : j'étais obligé d'être bon élève dans les deux ! » Encore adolescent, il a décidé de partir tout seul à Peshawar faire un grand voyage en Afghanistan. « L'ambassade du Pakistan au Maroc m'a immédiatement octroyé un visa, sans poser la moindre question. On était en 1989-1990. À l'époque, l'Armée rouge était en train de quitter l'Afghanistan mais les moudjahidin continuaient de combattre le régime communiste au pouvoir à Kaboul. Moi, j'avais quinze ans et j'ai tout vu : la guerre, les groupes islamistes à Peshawar. Tout ! J'ai tout vu ! Mes camarades m'ont accueilli en héros quand je suis revenu au Maroc terminer mes études. J'étais un élève brillant et j'ai voulu me spécialiser dans une branche scientifique, la physique-chimie. Mais mon père n'était pas d'accord. Il a voulu que je continue mon cursus religieux. Alors je suis allé quatre ans en Arabie saoudite étudier à l'université islamique de Médine. »

De retour au Maroc, « Abou Hafs » s'installe à Fès et commence à prêcher. Jeune et idéaliste, il devient vite populaire. « Des milliers de gens venaient m'écouter. Je n'étais pas un djihadiste pur et dur. Je ne préconisais pas le djihad au Maroc, qui est déjà un pays musulman. Mais je parlais du djihad mondial en Afghanistan, aux Philippines, etc. J'évoquais avec beaucoup d'enthousiasme l'idée d'aller aider les autres peuples musulmans en lutte contre les Américains. Si bien que j'ai rapidement eu des problèmes avec les autorités. J'ai été arrêté une première fois et détenu pendant trois mois. Aussitôt libéré, on m'a de nouveau arrêté et condamné à trois mois de prison. J'étais derrière les barreaux quand se sont produits les attentats du 16 mai 2003 à Casablanca. Je n'avais pas imaginé une seule seconde qu'on m'accuserait d'avoir soutenu et inspiré les auteurs de ces actes, que j'ai publiquement condamnés. Quand je parlais du djihad et de l'Afghanistan, je faisais référence à al-Qaïda, à Oussama Ben Laden, aux attentats du 11 Septembre contre les États-Unis. Mais je ne pensais pas au Maroc. »

Les attentats de Casablanca ont en l'occurrence fait 43 morts, dont trois Français et deux Espagnols. Ils ont choqué la société marocaine et provoqué une vague de répression contre les milieux fondamentalistes. « Abou Hafs » a beau proclamer son innocence, il écope d'une peine de trente ans : une erreur judiciaire, comme le gouvernement le reconnaîtra bien plus tard. Placé en détention à Casablanca et à Rabat, puis en cellule individuelle à Fès, il se met à lire beaucoup. « *Ce n'était pas facile, explique-t-il. J'ai entamé des grèves de la faim pour avoir la permission de faire entrer des livres. Neuf ans, dont sept dans une cellule individuelle, et rien d'autre à faire que de lire, jour et nuit ! Certes, il y avait deux promenades par jour avec les autres détenus, une le matin et une le soir. Mais après, quand les gardiens refermaient la porte de ma cellule, je me retrouvais tout seul. Et moi, comme j'aime beaucoup lire la nuit et que je n'arrivais pas à dormir, je manquais souvent*

191

la promenade du matin. C'est le soir que je partageais mes réflexions nocturnes avec les autres prisonniers. Je leur donnais les livres que j'avais fini de lire. Beaucoup de détenus se sont dé-radicalisés grâce à moi. Même des vrais terroristes : des gens qui avaient commis des actes violents. »

Un placebo plutôt qu'un vaccin

L'expérience de « Abou Hafs » est intéressante. Pour autant, peut-on supposer que sa démarche serait efficace au Sahel, de l'autre côté du Sahara ? C'est loin d'être évident. Les entretiens menés avec des combattants djihadistes en Afrique subsaharienne montrent en effet que la vengeance, l'appât du gain, le sentiment de persécution et la répression militaire jouent un rôle plus important que le fanatisme religieux pour expliquer le recrutement de jeunes dans des mouvements de lutte armée. Lorsqu'il vantait les mérites de la dé-radicalisation, Abou Hafs pensait en fait aux anciennes générations de djihadistes arabes, celles qui avaient combattu l'Armée rouge en Afghanistan et qui étaient très idéologisées. « Avant, dit-il, on ne pouvait pas prétendre être un djihadiste sans avoir lu des dizaines de livres. Mais la nouvelle génération est très différente. Même Daech à présent : la plupart de ses militants n'ont lu aucun livre religieux. Visiblement, ils ne connaissent rien de l'exégèse du Coran. C'est aussi pour ça que la dé-radicalisation n'est pas une solution suffisante. »

De fait, il est assez bizarre de trouver des spécialistes de la lutte antiterroriste qui s'improvisent théologiens et prétendent savoir ce que serait un bon islam. Abou Hafs confirme : « On peut employer des arguments religieux pour essayer de convaincre un islamiste de renoncer à son combat. Mais pour cela, il faut être soi-même un religieux qui, de préférence, a connu la tentation extrémiste. C'est plus convaincant. Je me rappelle qu'en prison, des théologiens venaient nous voir pour nous ramener à la raison et nous enseigner les bonnes sourates d'un islam tolérant. On se moquait d'eux. C'étaient des soufis. Ils étaient envoyés par l'État. On les trouvait faibles et ridicules. Alors que quand on a soi-même été un extrémiste, on sait mieux quels arguments utiliser pour convaincre un jeune de renoncer à la lutte armée. »

La proposition est hardie. Elle revient un peu à adopter le principe du vaccin en injectant une petite dose d'extrémisme pour mieux s'en prémunir. À l'occasion, certains pays occidentaux ont certes pu utiliser des « repentis » pour convaincre des détenus de procéder à leur autocritique et renoncer à la violence. Dans le monde musulman, des États comme le Maroc, l'Égypte ou la Libye ont également mis en place des programmes de « révision idéologique » (*morajaa*) à destination de leurs propres terroristes islamistes. Mais pour être efficace en prison, nous dit en substance Abou Hafs, il faut envoyer des religieux contestataires et réformistes, pas des représentants de l'establishment. La question se pose donc de savoir si, pour convaincre des jeunes de sortir de la violence au Sahel, des salafistes pourraient être plus efficaces que les clercs officiels des confréries soufies.

Ce n'est pas évident quand on songe au sort des fondamentalistes qui ont eux-mêmes été répudiés et, parfois, assassinés par les insurgés, tels un Jafar Mahmud Adam ou un Muhammad Awwal Adam « Albani » au Nigeria[1]. Connu pour avoir organisé le fameux enlèvement des collégiennes de Chibok en 2014, un des leaders de la secte Boko Haram, Abubakar Shekau, devait par exemple accuser les salafistes dits *Izala* d'être des hypocrites qui, sous prétexte de prêcher la bonne parole islamique, faisaient le jeu du gouvernement, du colonisateur britannique et des Occidentaux en cherchant à détruire les cassettes des sermons du fondateur du mouvement djihadiste nigérian. Dans des discours prononcés en 2014 et 2015, il allait jusqu'à traiter les Izala de mécréants au même titre que les chiites, les « démocrates » et les tenants des confréries soufies comme

---

1. Si l'on en croit la version de l'État islamique, le premier aurait été tué par les « talibans » de la localité de Kanama et le second par les hommes du « canal historique » de la secte Boko Haram. Cf. Al-Barnawi, Abu Yusuf et al. [2018], *Cutting out the tumour from the Khawarij of Shekau by the allegiance pledge of the people of nobility*, n.d., Channel of Facts for Media, trad. Aymenn Jawad Al-Tamimi. Accès : http://www. aymennjawad.org/21467/the-islamic-state-west-africa-province-vs-abu

la Tidjaniyya, la Qadiriyya, la Naqshbandiyya et la Shadhiliyya[1].

À l'évidence, les salafistes ne sont pas toujours mieux placés que les soufis pour faire barrage à la pensée de groupes extrémistes qui ont répudié toutes les autres écoles de pensée islamiques. Le paradoxe n'en est que plus criant quand on voit comment les djihadistes d'aujourd'hui ne se gênent pas pour préconiser un retour aux sources de la religion tout en refusant de se plier aux injonctions des textes anciens. D'un côté, les insurgés du Sahel font continuellement référence aux glorieux djihads d'antan pour légitimer leur combat sur le plan historique ; certaines de leurs brigades portent ainsi le nom des hérauts de l'islam précolonial. D'un autre côté, les rebelles n'ont visiblement pas lu les textes anciens ou contemporains des principaux penseurs salafistes ou soufis. Pour les inciter à déposer les armes au Mali, par exemple, il serait peu utile d'invoquer les djihadistes d'autrefois qui, à grand renfort de hadiths, invitaient les musulmans en guerre à se réconcilier en leur rappelant l'interdiction d'excommunier arbitrairement les croyants et de tuer ses coreligionnaires, un crime puni des flammes de l'enfer[2].

---

1. Kassim, Abdulbasit & Michael Nwankpa (dir.) [2018], *The Boko Haram Reader : From Nigerian Preachers to the Islamic State*, London, Hurst, p. 216, 218 & 422.

2. Vers 1830, le futur leader peul de l'Empire toucouleur au Sénégal, al-Hadj Oumar Tal, devait ainsi écrire un mémoire « sur la laideur de la discorde entre les croyants ». Trente ans plus tard, il allait cependant se

Que l'on mobilise des salafistes ou des soufis, il convient à cet égard de souligner qu'en dépit des illusions encore entretenues par certains décideurs politiques et militaires en France, les programmes de dé-radicalisation n'ont guère fait leurs preuves, ni en Europe ni au Sahel. En effet, ils sont très difficiles à évaluer car ils sont placés sous le sceau du secret-défense. De plus, les procédures de désengagement des insurgés dépendent de facteurs sur lesquels les acteurs sociaux n'ont pas prise, notamment la fin des combats, l'évolution du contexte politique, la perte de territoires, les revers militaires des rebelles, etc.

Les programmes de dé-radicalisation soulèvent également de nombreux problèmes juridiques. Au Niger, ils sont ainsi allés de pair avec une politique d'amnistie qui, décrétée par le ministère de l'Intérieur en décembre 2016, a provoqué des tensions avec la magistrature, l'un se chargeant de superviser les redditions pendant que l'autre s'inquiétait du contournement des procédures judiciaires. Dans les quatre pays qui combattent Boko Haram autour du lac Tchad, les efforts de démobilisation ont en outre répondu à des initiatives locales et non à une politique nationale. Résultat, on a introduit un traitement différencié des djihadistes prêts à déposer

---

renier et attaquer les musulmans du Macina malien en prétextant qu'ils avaient fait alliance avec des Bambara païens. Cf. Triaud, Jean-Louis [janv. 2018], « Autour des manuscrits de Tombouctou. Un état des lieux », *Sociétés politiques comparées*, n° 44, p. 8.

les armes. Au Niger, pour reprendre cet exemple, le gouvernement a accepté le principe d'une reddition négociée avec les combattants de Boko Haram à Diffa mais pas avec ceux du Groupe pour la victoire de l'islam et des musulmans dans la région de Tilaberi.

Dans tous les cas, le nombre de personnes censées avoir été dé-radicalisées en Afrique subsaharienne est sans commune mesure avec les effectifs estimés des mouvements djihadistes, qui se chiffrent en milliers de combattants. Inauguré en 2012, le centre de « réhabilitation » de Serendi à Mogadiscio, par exemple, n'a fonctionné qu'à partir de 2015 et n'a accueilli que 241 « repentis » entre 2016 et 2018[1]. Celui de Goudoumaria, dans le sud-est de la République du Niger, a connu un sort identique. Un an après son ouverture fin 2017, il n'avait reçu que 168 personnes, dont seulement 42 étaient véritablement des combattants ; quant au centre de « dé-radicalisation » de Magaria, dans la région de Zinder, il est toujours resté à l'état de projet. De même au Nigeria voisin, le bloc construit pour réhabiliter des détenus dans la prison de Kuje, près de la capitale Abuja, n'a accueilli que 45 adultes entre 2014 et 2015. Dans l'État du Borno, fief de Boko Haram, la *safe house* établie à Maiduguri en 2016 aura pour sa

---

1. Khalil, James, Rory Brown, Chris Chant, Peter Olowo & Nick, Wood [2019], *Deradicalisation and Disengagement in Somalia: Evidence from a Rehabilitation Programme for Former Members of Al-Shabaab*, London, RUSI, 40 p.

part « traité » 62 femmes et 26 enfants membres de la secte[1].

Certes, les procédures de désengagement touchent davantage de gens quand elles se déroulent en milieu ouvert. Des « caravanes de la paix » circulent alors dans les villages en conviant les habitants à jurer publiquement qu'ils ne soutiennent pas les djihadistes et que leurs enfants n'ont pas rejoint les rangs des insurgés, par exemple dans la région de Diffa au Niger après la proclamation d'un état d'urgence en février 2015. Dans le nord du Cameroun en mai 2018, les autorités ont ainsi lancé une campagne au cours de laquelle les « désengagés », ou les « revenants », devaient prêter serment sur le Coran pour confirmer qu'ils ne faisaient plus partie de Boko Haram. Mais ces efforts ne résolvent pas tous les problèmes. Au Nigeria, par exemple, on peut toujours essayer de soudoyer un cadi pour qu'il rende un verdict en votre faveur. Afin d'éviter le parjure, une copie d'un « faux Coran » est alors remise entre les mains du témoin assermenté, après avoir pris soin d'en arracher quelques pages pour désacraliser le livre de la révélation prophétique[2] !

---

1. Pérouse de Montclos, Marc-Antoine [Mars 2018], « "The only good jihadist is a dead jihadist": Boko Haram and de-radicalization around Lake Chad », *Small Wars & Insurgencies*, vol. 29, n° 5, pp. 863-885.

2. Last, Murray [mai-août 2017], « The Shari'a in context. People's quest for justice today and the role of courts in pre- and early-colonial northern Nigeria », *Sociétés politiques comparées*, n° 42, 17 p.

De la prévention
en guise de guerre psychologique

Qu'à cela ne tienne, rétorquent les spécialistes de l'antiterrorisme qui croient à la toute-puissance de l'endoctrinement religieux. Il reste la guerre psychologique d'antan, celle des stratégies contre-insurrectionnelles qui, autrefois, proposaient de développer un discours alternatif au marxisme ; aujourd'hui, à la contestation salafiste. Pour faire un peu moderne, on parle désormais de PVE (Prévention de la violence extrémiste) en français ou de CVE (Countering Violent Extremism) dans le langage technocratique des experts anglo-saxons.

Indéniablement, les actions menées en prison pour convaincre des jeunes de renoncer à la lutte armée ne constituent pas une solution à long terme. « Abou Hafs » l'admettait lui-même : « La dé-radicalisation ne va pas mettre fin à l'extrémisme. Le problème est très complexe. Tout le monde se dispute l'interprétation du "vrai islam". Qui a la légitimité pour dire qui a tort ou raison ? L'objectif n'est pas de prouver à l'autre qu'il a tort. Il est plutôt de lui montrer qu'en changeant d'idées, il pourra devenir un bon musulman et améliorer son existence. Le combat contre l'extrémisme ne peut pas se livrer seulement sur le terrain des idées. Il faut aussi agir auprès du peuple par le biais des programmes scolaires, de la culture... » En bref, il s'agit de mener des actions de prévention. « Il faut s'attaquer aux problèmes sociaux et économiques. Les arguments religieux ne sont pas suffisants. Comment convaincre un jeune de renoncer à changer le monde par la force des armes si on ne lui offre pas un travail ? La possibilité de construire une famille ? De se réconcilier avec ses parents ? S'il renonce à ses idées, quel bénéfice en retirera-t-il ? »

Voilà qui semble bien raisonnable. Mais la prévention peut mener très loin. Faut-il aller jusqu'à interdire le salafisme comme le préconisait Manuel Valls en France ? « C'est une grave question, répond Abou Hafs. En démocratie, on a le droit de professer des idées radicales du moment qu'on ne recourt pas à la violence pour les imposer. Ce n'est pas une solution que d'arrêter un extrémiste juste parce que c'est un extrémiste. D'autant que la prison risque de le rendre encore plus radical. Mais quelques fois je m'interroge. D'après mon expérience personnelle, c'est bien l'extrémisme qui pousse à devenir violent. Alors pourquoi ne pas extirper le mal par sa racine ? À l'école, à la télévision, c'est le travail de l'État que d'enrayer les idées extrémistes. Dans le monde arabe, ce n'est pas comme chez vous : l'extrémisme, il est aussi dans les programmes scolaires, dans les médias. Récemment, on a ainsi arrêté un cheik qui disait à la radio marocaine que l'islam reconnaissait aux maris le droit de frapper leur femme. »

Au sud du Sahara, les pays sahéliens n'ont pas été en reste à cet égard. Le Nigeria, par exemple, a mobilisé des imams pour condamner le djihad et réhabiliter les vertus de l'éducation d'inspiration occidentale que répudiaient les prêches de Boko Haram[1]. Pour être plus convaincant, l'establishment musulman est même allé jusqu'à reprendre les raisonnements de clercs saoudiens afin d'expliquer que leurs paroles avaient été mal interprétées par les terroristes. L'objectif était ainsi de montrer que les wahhabites ne critiquaient pas l'intégralité des enseignements hérités de la période coloniale britannique. Pour faire face aux défis d'un monde global, les tenants de la charia invitaient au contraire les musulmans à s'adapter à la modernité occidentale au nom de la théorie du « moindre mal » ou du cas de « force majeure » (*darurah*), un argument que le Grand Mufti d'Arabie saoudite, Abd al-Aziz Bin Baz, avait d'ailleurs repris à son compte et inversé pour justifier les théocraties, condamner les démocraties parlementaires et rejeter le principe des élections.

Dans un autre registre, le gouvernement nigérian a aussi légiféré pour interdire les discours d'incitation à la haine religieuse ou ethnique, notamment en bannissant des termes comme « infidèles », « mécréants » ou « païens ». En 2016 dans l'État de Kaduna, un

---

1. DIN [2016], *The « Boko » Question, Prohibition or Obligation : Counter-Narratives to Common Religious Arguments against Conventional « Western » Education*, Minna, Da'wah Institute of Nigeria, 106 p.; Da'wah Coordination Council of Nigeria [2009], *The « Boko Haram » Tragedy : Responses to 26 of the most commonly asked questions regarding the « Boko Haram » crisis and tragedy*, Minna, DCCN, 29 p.

projet de loi visait ainsi à restreindre aux mosquées et aux églises l'usage de haut-parleurs diffusant des sermons. L'objectif était également d'encadrer plus fermement les processions religieuses sur la voie publique. Mais l'initiative a suscité des protestations, tant de la part des musulmans que des chrétiens, car, dans son sens le plus restreint, elle aurait pu revenir à interdire d'écouter des émissions de radio religieuses en conduisant sa voiture sur la route.

En fait, les lois destinées à réguler les cultes pour éviter les troubles de l'ordre public existent déjà depuis longtemps dans les pays sahéliens[1]. Dans la région du Borno, futur fief de Boko Haram, un décret militaire de 1977 et une loi de 1981 amendée en 2010 ont ainsi confié aux conseils d'émirats le soin d'accorder des licences aux prêcheurs islamiques après avoir vérifié leurs qualifications religieuses. Les contrevenants qui continuaient d'officier sans autorisation s'exposaient désormais à des amendes ou des peines de prison dont la durée fut étendue de six mois à dix ans en 2010 ! Dans le même ordre d'idées,

---

1. Dès 1957 au Mali, un décret prévoyait d'enregistrer toutes les écoles coraniques afin de leur délivrer des autorisations d'enseignement en bonne et due forme. Au Nigeria dans l'État de Kaduna, pour reprendre cet exemple, un décret de 1984, amendé en 1987 puis 1996, introduisait quant à lui des amendes ou des peines de deux ans de prison pour les prédicateurs qui officiaient en plein air sans licence. En 1987, après des violences interreligieuses, le gouverneur militaire de la place musclait le dispositif, excluait la possibilité de payer des amendes et étendait les sanctions au pénal avec des condamnations à des peines allant jusqu'à cinq ans de prison.

le gouverneur de l'État du Borno établit en 2000 un comité de la charia pour superviser et coordonner les activités des prédicateurs musulmans et enregistrer toutes les écoles coraniques au niveau de chaque collectivité locale.

Le problème est que ces lois n'ont jamais été appliquées. Aucun représentant de l'État n'est allé vérifier le contenu des prêches en plein air ou des enseignements du Coran délivrés dans les campagnes à l'ombre d'un arbre. Dans des villes comme Kano et jusque dans les salles de conférences des universités publiques, des salafistes ont pu continuer à chanter les louanges des djihadistes afghans et à saluer les exploits d'al-Qaïda pendant que des musulmans défilaient dans les rues pour manifester leur soutien aux auteurs des attentats de New York en 2001[1]. Le Nigeria jouit certes d'une liberté d'expression assez exceptionnelle dans la région. Mais il ne fait pas exception. En général, les pays d'Afrique subsaharienne contrôlent peu les activités de leurs mosquées et de leurs écoles coraniques. Contrairement au cas de la Turquie, de l'Iran ou de l'Arabie saoudite, où les clercs islamiques sont des fonctionnaires rémunérés par l'État, il y a très rarement de standards reconnus au niveau national pour s'assurer de la conformité des enseignements ou des prêches avec les dogmes d'une

---

1. Brigaglia, Andrea [2019], « The "Popular Discourses of Salafi Counter-Radicalism in Nigeria" Revisited: A Response to Abdullahi Lamido's Review of Alexander Thurston, *Boko Haram* », Cape Town, Center for Contemporary Islam, *Occasional Papers*, n° 2, p. 19.

religion sans Église. Au Mali, par exemple, un responsable musulman affirmait qu'on aurait en fait dû renvoyer 80 % des imams du pays si on avait commencé à exiger d'eux un minimum de compétences[1].

Autrement dit, n'importe qui peut s'improviser maître coranique ou prédicateur. Dans un tel contexte, il n'est pas rare de voir des sortes d'entrepreneurs religieux établir leur propre congrégation, voire s'autoproclamer prophète, pour attirer des ouailles et leur soutirer une obole. Mosquées et écoles coraniques sont en effet sources de profit. Au Nigeria, des marabouts indélicats ont ainsi revendu à leurs élèves des textes en arabe de propagande politique donnés gratuitement par des pays de tendance nassérienne et socialiste comme la Libye, l'Égypte ou la Syrie au cours des années 1970[2] ! Les autorités, elles, ne sont guère intervenues pour mettre fin aux pratiques abusives de prédicateurs véreux et, parfois, dangereux.

Plusieurs raisons expliquent une pareille inaction de la part des États sahéliens : l'impuissance des pouvoirs publics, bien sûr, mais aussi une certaine forme d'indifférence, voire de complaisance suite à des arrangements politiques au niveau local [voir l'encadré]. Le problème demeure que l'absence d'autorité régulatrice et reconnue comme neutre est

---

1. ICG [2017], *The Politics of Islam in Mali: Separating Myth from Reality*, Brussels, International Crisis Group, p. 13.
2. Sanneh, Lamin [1997], *The crown and the turban : Muslims and West African pluralism*, Boulder (Co.), Westview, p. 153.

en soi source de tensions. Lors de violences interreligieuses à Kafanchan dans le sud de l'État de Kaduna au Nigeria en 1987, par exemple, tant les musulmans que les chrétiens ont accusé les pouvoirs publics de jouer en leur défaveur car le gouvernement n'avait pas cherché à arrêter les prêcheurs islamistes ou évangélistes qui avaient incité leurs ouailles à partir au combat.

Le Nigeria et la lutte contre les extrémismes sectaires et islamistes

Au Nigeria, les leaders des sectes Maitatsine et Boko Haram, Muhammadu Marwa et Mohamed Yusuf, ont été arrêtés plusieurs fois pour prédications illégales, incitations à la haine et troubles de l'ordre public avant que n'éclatent les émeutes qui devaient faire des milliers de morts à Kano en décembre 1980 et Maiduguri en juillet 2009. Mais les interventions plus ou moins préventives de l'État ont à chaque fois été contrecarrées par des règlements de compte au sein des pouvoirs en place. Expulsé une première fois en 1962, puis emprisonné par les militaires en décembre 1966 et septembre 1973, le « prophète » Muhammadu Marwa a ainsi pu revenir triomphalement parmi ses fidèles à Kano grâce à l'entremise de groupes salafistes et modernistes qui voulaient l'utiliser pour diminuer l'influence de leurs ennemis traditionalistes soufis, tout en récusant son interprétation radicale et obscurantiste du Coran.

La bataille a vraiment commencé en 1970, quand le gouverneur militaire et l'émir de Kano, lui-même un soufi très critiqué par les adeptes de Maitatsine, ont voulu mettre en place un comité censé délivrer des autorisations pour

prêcher. Muhammadu Marwa a alors obtenu une déroga-
tion en sollicitant l'appui d'Abubakar Gumi, un salafiste
hostile au syncrétisme des confréries soufies et le futur
conseiller spirituel du président élu lors du retour des
civils au pouvoir en 1979[1]. Les tensions ont perduré et,
en 1972, des partisans de Maitatsine tentaient d'attaquer
l'émir pour protester contre un autre décret interdisant les
prêches de rues, en dehors des mosquées. De nouveau
arrêté, Muhammadu Marwa fut encore relâché sur intervention d'Abubakar Gumi, en 1975.

Dans la région du Borno, les soufis expriment la même
frustration à propos de la montée en puissance de la secte
Boko Haram et de son fondateur Mohamed Yusuf, qui
avait initialement suivi les enseignements de Jafar Mahmud Adam, un cheikh salafiste de Kano. « Nous avions
alerté les autorités, les lois existaient déjà, le gouvernement savait parfaitement ce qui se tramait, mais il n'a
rien fait », me disent en substance les Anciens avec qui je
discute lors d'un séjour à Maiduguri en 2016. Dès 1994,
la commission des prédicateurs islamiques du Borno avait
ainsi mis en garde contre l'extrémisme des prêches anti-
soufis de Jafar Mahmud Adam. Celui-ci avait repris à son
compte la pensée d'Abubakar Gumi et, lorsqu'il venait
à Maiduguri, il avait l'habitude d'officier à la mosquée
Indimi, un endroit également fréquenté par un certain
Mohamed Yusuf. Le cheikh de Kano prit bientôt le jeune
étudiant coranique sous sa coupe et on connaît la suite
de l'histoire[2].

---

1. Anwar, Auwalu [juin 2015], « The Origin and Development of Gardanci Tradition in Northern Nigeria, up to 1975 », *Arewa House Journal*, vol. 3, n° 3, p. 25.

2. Thurston, Alex [2017], *Boko Haram : The History of an Africa-nist Jihadist Movement*, Princeton, Princeton University Press, 333 p. ; Pérouse de Montclos, Marc-Antoine [2012], « Boko Haram et le

L'élève, en l'occurrence, finit par devenir plus radical que le maître et il commandita vraisemblablement son assassinat en 2007 pour s'affranchir de la tutelle des « salafistes légalistes » et fonder sa propre congrégation, surnommée Boko Haram. Profitant du départ des fondamentalistes de Maiduguri qui avaient obtenu des bourses pour aller étudier à l'Université islamique de Médine en Arabie saoudite, Mohamed Yusuf s'imposa bientôt sur la scène publique tout en négociant une application plus stricte de la charia avec le gouverneur du Borno élu en 2003, Ali Modu Sheriff. Bien que plusieurs fois emprisonné par les services de sécurité, le fondateur de Boko Haram a ainsi bénéficié dans un premier temps de la protection des autorités locales, avant de se brouiller avec elles et d'appeler au djihad en 2009.

Des leçons à tirer des échecs

Les leçons à en tirer sont multiples lorsqu'il s'agit de prévenir les extrémismes religieux au Sahel. D'abord, l'inaction ou l'ingérence de l'État en la matière ne signalent pas seulement son impuissance ou, au contraire, son autoritarisme. Bien souvent, elles témoignent plutôt de la politisation du champ religieux. Au Nigeria, par exemple, l'establishment musulman a profité de l'insurrection de la secte Maitatsine en 1980 pour essayer de

terrorisme islamiste au Nigeria : insurrection religieuse, contestation politique ou protestation sociale ? », Paris, Centre d'études et de recherches internationales, *Question de Recherche*, n° 40, 33 p.

renforcer sa fonction de contrôle sur le contenu des prédications et la diffusion des normes islamiques. Paradoxalement, les héritiers des djihads peuls et soufis du XIXe siècle confirmèrent ainsi leurs velléités à être considérés comme les meilleurs garants de la laïcité et de l'ordre public[1]. Ils ne continuèrent pas moins d'être contestés, en l'occurrence par les fondamentalistes. Après 2009, la diabolisation « terroriste » de Boko Haram leur permit alors de reprendre la main sur le domaine religieux, cette fois en unissant leurs forces face à l'ennemi commun, quitte à se rapprocher des salafistes « légalistes » dans la lignée d'Abubakar Gumi et de Jafar Mahmud Adam.

Le Nigeria anglophone ne fut pas seul à procéder ainsi. Les pays francophones touchés par l'insurrection de Boko Haram autour du lac Tchad ont également cherché à réaffirmer leur contrôle de la liberté d'expression religieuse. À Maroua dans le nord du Cameroun, les autorités ont destitué et interdit de prêche les imams qui critiquaient le gouvernement et le syncrétisme des confréries soufies, tels Aboubakar Oumar en 2011 et Moussa Souleymane en 2016. Au Tchad, autre pays éminemment démocratique, le président Idriss Deby, au pouvoir depuis 1990, a quant à lui profité de la lutte contre le terrorisme pour museler l'opposition et bannir les organisations

---

1. Nicolas, Guy [oct. 1984], « Métamorphose de l'Islam nigérian, deuxième partie », *Le Mois en Afrique*, n°s 225-6, p. 141.

salafistes susceptibles de canaliser les mécontente-ments contre son régime.

Au Nigeria, enfin, les autorités sont allées jusqu'à outrepasser le principe de liberté de la conscience religieuse, pourtant inscrit dans la Constitution, en voulant restreindre les activités de prosélytisme aux seules instances reconnues par l'État. À Kaduna en 2016, un projet de loi envisageait ainsi de confier la délivrance des autorisations de prêche à un comité tripartite composé de musulmans, de chrétiens et de personnalités nommées par le gouverneur de l'État. Les autres religions en étaient *de facto* exclues. Quant aux représentants des musulmans, ils devaient obli-gatoirement être affiliés à la « Société pour la victoire de l'islam » (*Jama'atu Nasr Islam*), une institution fondée par le gouvernement à l'indépendance et cen-sément composée à parité de soufis et de salafistes.

Au final, le projet de loi n'a pas abouti. Il n'en est pas moins révélateur des espoirs que les gouverne-ments des pays du Sahel placent dans l'establishment islamique pour réguler les débats religieux et déve-lopper un contre-discours susceptible de dissuader les jeunes de rejoindre des courants protestataires. Le problème demeure que la crédibilité des notables musulmans associés à des dirigeants affairistes n'est pas évidente, loin de là. Dans le nord du Nigeria, par exemple, les sultans et les émirs fondent désor-mais leur autorité sur un principe dynastique plutôt que sur la base de leur piété et de leur formation coranique, qui sont généralement médiocres[1]. Un tel contexte laisse la voie libre aux imams qui voudraient relayer la contestation de la population contre des élites urbaines et corrompues.

Aujourd'hui, la PVE constitue en fait un formidable outil de propagande pour un establishment musulman désireux de reprendre la main sur l'exercice du pouvoir. On assiste ainsi à une sorte de *takfir* à l'envers, du nom de ce principe d'« excommunication » auquel ont recours les djihadistes pour justifier le massacre de leurs coreligionnaires quand ceux-ci refusent d'adopter leurs prescriptions morales et d'arrêter de collaborer avec des États jugés impies. La lutte contre le terrorisme et le sectarisme a en effet permis à des institutions fragiles et contestées de définir plus précisément qui était un bon ou un mauvais croyant, quitte à bannir les déviants et les dissidents non violents. Certes, les pays sahéliens ne sont pas allés aussi loin que la Tunisie, dont l'article 6 de la constitution de 2014 interdit formellement le « takfirisme ». Mais le Nigeria multiconfessionnel a failli enfreindre les libertés religieuses en cherchant à réguler davantage les activités de ses prédicateurs, quitte à susciter des protestations de la part des chrétiens et pas seulement des musulmans.

Dans tous les cas, les mesures prises en Afrique subsaharienne ont été très diversement appliquées.

---

1. Nicolas, Guy [oct. 1984], « Métamorphose de l'Islam nigérian, deuxième partie », *Le Mois en Afrique*, n°s 225-6, p. 141.

Comme toujours au Sahel, la mise en œuvre de politiques publiques bute immanquablement sur la question de la faiblesse des États. De plus, « les ingérences théologiques » des spécialistes de la sécurité présentent le risque d'entériner l'idée que les Occidentaux et leurs alliés africains seraient des ennemis de l'islam. Au Mali en 2009, les manifestations populaires contre une tentative de réforme libérale du code de la famille avaient déjà signalé le rejet d'intrusions perçues comme une menace d'origine étrangère et pas seulement une atteinte à des valeurs religieuses. Aujourd'hui, la fermeture de radios islamiques, la censure des prêches les plus sectaires ou l'interdiction de construire des mosquées sans l'autorisation de l'État sont autant de mesures qui peuvent être interprétées comme un grand complot occidental et laïc contre la communauté des croyants musulmans, la *oumma*. Dans un tel contexte, on ne peut que continuer à s'interroger sur les mérites des programmes de dé-radicalisation et de PVE.

CHAPITRE IX

CONTES ET LÉGENDES DE LA PAUVRETÉ

Niger, Koutoukalé, mi-2015

La prison de haute sécurité de Koutoukalé se situe à une cinquantaine de kilomètres au nord-ouest de la capitale Niamey. À un moment, il faut quitter le bitume et s'engager à gauche sur une piste poussiéreuse. De plus en plus sèche, la savane annonce déjà la proximité du désert. En haut d'une butte émerge enfin le bloc de béton carré de Koutoukalé, posé au milieu de nulle part. On dirait un peu le bagne d'où les Dalton ne cessent de s'évader dans les bandes dessinées de Lucky Luke. Ici, les cactus sont absents du paysage. Mais il y a des épineux et, à l'intérieur du pénitencier, un papier écrit à la main et affiché dans le bureau du régisseur répertorie le nombre d'occupants... et d'évasions.

Au Sahel, le gouvernement du Niger est certainement le plus ouvert à un dialogue avec les chercheurs. J'ai obtenu une autorisation officielle pour entrer à Koutoukalé. La lettre de la responsable des services pénitentiaires à Niamey précise que je peux m'entretenir avec des détenus suspectés d'appartenir au groupe Boko Haram. Ces derniers ont été raflés dans la région de Diffa, à un millier de kilomètres de là en direction du lac Tchad et de la frontière du Nigeria. Il y en a beaucoup et aucun n'a été jugé.

On m'a installé dans le bureau du régisseur. Il fait terriblement chaud mais je suis récompensé de mes efforts : tous les suspects acceptent de me parler. Dans l'attente d'un hypothétique procès, ils tiennent à me raconter les conditions de leur arrestation et de leur détention. Les gardiens amènent les prévenus un par un. Ils mettent beaucoup de temps pour aller les chercher. Je m'en étonne. Au bout de quelques jours, je finis par en découvrir la raison après avoir sympathisé avec un des geôliers. Celui-ci me propose d'aller voir la cour qui distribue les cellules et où les prisonniers tuent le temps en vaquant à diverses occupations :

« Tu sais, on n'a pas que des BH ici, me dit-il en faisant référence à l'acronyme par lequel on désigne habituellement les membres de Boko Haram. On a aussi un Mourabitoune. Tu veux le voir ? »

A priori, je suis venu mener des entretiens avec des « BH », et non avec le groupe al-Mourabitoune, une dissidence d'AQMI. Mais, après tout, pourquoi pas ?

Nous avançons dans un couloir et débouchons sur la cour carrée où s'entassent les prisonniers. Le gardien se tient à l'entrée et hurle : « Mourabitoune ! »

Il répète son appel plusieurs fois. Quelqu'un finit par avancer vers lui. Voilà qui me paraît extraordinaire ! Les gardiens ne sont pas informés des charges qui pèsent sur les détenus. Ils identifient les prisonniers par leur physionomie plutôt que par leurs noms. C'est la raison pour laquelle ils mettent du temps à amener les « BH », des gens présumés « innocents » et néanmoins priés de « confesser » leur appartenance à une organisation criminelle pour aller parler au Blanc de passage.

Après avoir discuté avec le « Mourabitoune », je suis plus intéressé par l'histoire « banale » de Kyari Mamadou (le prénom et le nom ont été modifiés). Originaire du village de Gaskirou, celui-ci était mécanicien quand, début 2015, les autorités de la République du Niger ont proclamé un état d'urgence pour combattre Boko Haram le long de la frontière nigériane. Les autorités ont alors interdit la circulation des motos. En effet, les insurgés ne disposent pas d'équipements sophistiqués. Ils mènent la plupart de leurs attaques avec des motos chinoises bon marché qui, faute de routes et de transports en commun, sont très utilisées dans les campagnes. C'est l'arme de destruction massive de Boko Haram. Fort habiles, les acrobates à moto de la secte parviennent ainsi à se faufiler entre les obstacles pour atteindre et éliminer leurs cibles.

Avec l'état d'urgence, Kyari Mamadou a perdu son travail. Il n'avait plus rien à réparer car les motos étaient désormais interdites dans la région de Mainé Soroa et Diffa, mesure que les autorités du Mali allaient également adopter dans le Macina. En revanche, les deux-roues pouvaient toujours circuler au Nigeria, en l'occurrence dans des zones tenues par Boko Haram. Un ami proposa donc à Kyari Mamadou d'aller faire le

*mécano à Damasek, juste de l'autre côté de la frontière.
« Il y a plein de travail pour toi là-bas », lui dit-il. Et
c'est ainsi que Kyari Mamadou se retrouva à réparer
les armes de destruction massive de Boko Haram : des
petites motos chinoises.*

Le mécano des campagnes aurait-il rejoint les
rangs des insurgés sans les mesures d'exception de
l'état d'urgence proclamé au Niger ? C'est très peu
probable. Que ce soit dans le Macina malien, dans la
région du Liptako-Gourma ou autour du lac Tchad,
les états d'urgence et les sanctions économiques
des coalitions antiterroristes ont en fait exacerbé le
chômage et précipité des jeunes dans les bras des
djihadistes. En fermant les frontières sous prétexte
d'assécher les flux de contrebande susceptibles de
financer les insurgés, la force du G5 Sahel a ainsi
pris le risque de priver d'emploi les populations qui
vivaient de petits trafics sur des biens de première
nécessité. De même autour du lac Tchad, la coalition
montée contre Boko Haram a interdit l'agriculture
et la pêche, contribuant à prolonger la crise humanitaire. Assimilées à une punition collective contre
certains groupes de population, notamment les éleveurs et les pêcheurs, de telles mesures ont surtout
pénalisé des activités considérées comme légitimes,
à défaut d'être toujours légales lorsque leur produit
était écoulé sous forme de contrebande.

Une vision malthusienne du Sahel

D'une manière générale, les dispositifs militaires destinés à priver les insurgés de leur accès aux ressources locales tendent à affecter la capacité de résilience des civils et à accélérer leur paupérisation. Ils vont donc à l'encontre des objectifs des développementalistes et des stratèges selon qui la pauvreté serait le principal terreau du terrorisme au Sahel. De plus, ils démentent l'idée selon laquelle les djihadistes vivraient des subventions d'al-Qaïda ou de Daech, un soutien qui, *a priori*, devrait les dispenser d'avoir besoin de racketter et piller la population pour continuer à combattre. Autre contradiction, l'accent mis sur l'importance des ressources locales revient à désavouer le rôle déterminant que les opérateurs de la lutte antiterroriste veulent prêter à la radicalisation de l'islam. Les sanctions économiques prises contre les insurgés au Mali ou autour du lac Tchad correspondent davantage au constat selon lequel les djihadistes se seraient progressivement criminalisés et poursuivraient désormais des buts lucratifs, plus que religieux.

Une telle analyse, en l'occurrence, est d'autant plus populaire qu'elle correspond à un sentiment général de dépolitisation des conflits africains depuis l'atténuation des grandes confrontations idéologiques du temps de la guerre froide. Au Sahel, certains vont ainsi jusqu'à affirmer que la poussée du

djihadisme résulterait surtout de la criminalisation des flux de contrebande[1]. Un pareil argument
permet aussi de nier la sincérité des motivations religieuses et politiques des insurgés, qui sont réduits
à de vulgaires trafiquants de drogues, d'armes ou
d'êtres humains. Autre avantage, il fournit une explication facile à la résilience des groupes rebelles, qui
ne devrait rien aux défaillances des forces gouvernementales. À en croire l'argument de la criminalisation, les insurgés auraient surtout réussi à poursuivre
leur combat en se nourrissant du désespoir de jeunes
chômeurs poussés à commettre des attentats suicides,
faute de travail.

Dans une région qui, aux yeux du grand public
en Occident, continue d'être associée à la misère et
à la famine depuis la terrible sécheresse des années
1970, le discours malthusien sur la pauvreté et la
raréfaction des ressources a ainsi joué le même rôle
que l'étendard du réchauffement climatique, de
l'explosion démographique, du salafisme ou du
djihad global pour masquer les racines locales et politiques des crises. Il a notamment permis d'éluder
des questions gênantes sur la mauvaise gouvernance
des régimes soutenus par l'Élysée. Au Mali comme
autour du lac Tchad, il est donc de bon ton d'insister
sur les aléas du climat et la pression de la croissance

---

1. Harmon, Stephen [2014], *Terror and Insurgency in the Sahara-Sahel Region: Corruption, Contraband, Jihad and the Mali War of 2012-2013*, London, Ashgate, 304 p.

démographique pour expliquer l'émergence et la résilience de groupes qualifiés de terroristes.

Les spécialistes montrent pourtant que les facteurs responsables des tensions foncières qui alimentent aujourd'hui les insurrections djihadistes ont une origine humaine. C'est par exemple le cas dans le delta intérieur du fleuve Niger où sévit la *katiba* (« brigade ») du Macina[1]. Financé par la Banque mondiale à partir de 1972, le développement de la culture du riz, plus consommatrice d'eau que le vivrier, a en effet contribué à relancer les conflits entre les éleveurs et les fermiers en train d'empiéter sur les couloirs de transhumance du bétail. En 1982, la construction du barrage de Sélingué sur le fleuve Niger n'a pas non plus arrangé les choses. Cette même année, le gouvernement malien signait avec la Banque mondiale un plan d'ajustement structurel qui devait entériner le retrait de l'État et remettre en cause son rôle de régulateur des litiges fonciers. Après l'effondrement de la dictature en 1991, enfin, la mise en œuvre d'une politique de décentralisation a promu des autorités locales très corrompues et souvent incapables de gérer correctement les pressions sur la terre.

La France, il est vrai, n'est pas la seule à insister sur le rôle de la pauvreté et de la raréfaction des ressources pour expliquer les conflits en cours. Dans

---

1. Benjaminsen, Tor & Boubacar Ba [2019], « Why do pastoralists in Mali join jihadist groups? A political ecological explanation », *The Journal of Peasant Studies*, vol. 46, n° 1, pp. 1-20.

leur gros rapport sur la prévention des conflits, la Banque mondiale et les Nations unies laissent par exemple entendre que l'assèchement du lac Tchad et la pression démographique constitueraient la cause structurelle de l'émergence de Boko Haram[1]. Citant des références bibliographiques qui ne traitent pas de la région et qui n'analysent pas l'évolution hydro-logique de la zone, les deux plus influentes orga-nisations intergouvernementales relaient ainsi un discours catastrophiste et malthusien sur la base de données erronées, quitte à prendre des libertés avec la réalité objectivable en travestissant ou en inversant les tendances mesurables.

Contrairement à ce qu'en disent la Banque mon-diale et les Nations unies, l'État du Borno, où est né Boko Haram, n'était en fait pas le plus pauvre de la fédération nigériane avant que le conflit ne démarre. Autre erreur, la secte n'est pas apparue au début des années 1990, quand l'économie agricole de la région se ressentait encore des effets de la terrible sécheresse des années 1970, mais dix ans plus tard, quand les eaux du lac Tchad étaient suffisamment remontées pour avoir retrouvé leur niveau moyen du xxe siècle. Enfin, il convient de ne pas élargir l'étendue spa-tiale du problème. Présenter le lac comme une « ressource vitale pour 50 millions de personnes »

---

1. United Nations, World Bank (ed.), *Pathways for Peace : Inclu-sive Approaches to Preventing Violent Conflict*, Washington, DC, World Bank, 2018, p. 67.

est exagéré. En réalité, les populations de la zone vivent aussi d'autres activités et ne sont pas aussi nombreuses que l'affirment la Banque mondiale et les Nations unies : quelque 13 millions d'individus habitent dans un rayon de 300 kilomètres autour du centre du lac Tchad, à l'intérieur d'un périmètre qui englobe les agglomérations urbaines de Ndjamena et Maiduguri[1].

À la décharge de la France et des organisations internationales, il faut dire que le grand discours sur la pauvreté au Sahel est également professé par les gouvernements africains et les djihadistes eux-mêmes, les premiers pour demander un surcroît d'aide, les seconds pour essayer d'attirer les damnés de la terre. En effet, les fondamentalistes présentent l'islam comme la religion des déshérités au vu de l'importance qu'elle accorde à l'aumône. Les croyants étant tous égaux devant Dieu et la mort, cette vision a aussi été propagée par les régimes « socialistes » de l'Afrique musulmane qui ont cherché à conjuguer islam et marxisme au cours des années 1960 et 1970, notamment la Libye de Mouammar Kadhafi, le Soudan de Gaafar Nimeiry et l'Égypte de Gamal Abdel Nasser. Dans les milieux progressistes de l'époque, il était par exemple de bon ton d'invoquer la figure mythique d'Abu Dharr al-Ghifari, qui fut chassé de Médine après la mort du prophète Mahomet en 632 parce

---

1. Magrin, Géraud [2016], « The disappearance of Lake Chad: history of a myth », *Journal of Political Ecology*, vol. 23, p. 209.

qu'il avait invité les fidèles à abandonner tous leurs biens terrestres[1].

Aujourd'hui, les djihadistes cherchent également à se présenter comme les défenseurs des pauvres. Dans le centre du Mali, par exemple, les prêches du leader de la katiba du Macina, Amadou Koufa, ont critiqué l'enrichissement des marabouts qui vivaient de la mendicité de leurs étudiants coraniques. En affirmant que la terre et la pluie n'appartenaient qu'à Dieu, le discours égalitariste et collectiviste des djihadistes a aussi remis en cause la propriété lignagère des pâturages aux mains des seigneurs peuls appelés *jowro'en*. Pour avoir accès aux bour-goutières, plaines inondables du fleuve Niger, les populations des basses castes peules et touarègues, les Rimaibé et les Bella, et les éleveurs d'ovins et de caprins, les Diallobe et les Badiyankobe, ont alors refusé de verser un tribut aux chefs traditionnels et ont préféré payer aux insurgés une dîme islamique, la zakat, équivalant au quarantième de leurs trou-peaux[2].

---

1. Clarence-Smith, William Gervase [2006], *Islam and the abolition of slavery*, London, Hurst, p. 50.
2. Benjaminsen, Tor & Boubacar Ba [2019], « Why do pastoralists in Mali join jihadist groups? A political ecological explanation », *The Journal of Peasant Studies*, vol. 46, n° 1, pp. 1-20 ; Sangare, Boukary [2016], *Le centre du Mali : épicentre du djihadisme ?*, Bruxelles, Groupe de Recherche et d'Information sur la Paix et la Sécurité, 12 p. ; Geel, Florent, Antonin Rabecq, Drissa Traoré & Rémi Carayol [2018], *Dans le centre du Mali, les populations prises au piège du terrorisme et du contre-terrorisme : Rapport d'enquête*, Paris, FIDH, p. 25 & 28.

De même dans le nord du Burkina Faso, le leader d'Ansarul Islam, Malam Ibrahim Dicko, a dénoncé le sort réservé par les aristocrates peuls aux descendants d'esclaves, les Rimaibé[1]. Dans le nord-est du Nigeria, encore, le fondateur de Boko Haram, Mohammed Yusuf, conspuait la corruption et l'enrichissement illicite de l'establishment musulman. Il n'est ainsi pas anodin qu'il ait établi son centre religieux dans les banlieues populaires de Maiduguri, en l'occurrence dans le quartier de la gare, tout comme d'ailleurs son prédécesseur Muhammadu Marwa, qui s'était installé le long de la voie ferrée à Kano et dont les pratiques hétérodoxes de la secte Maitatsine, en dehors des mosquées, avaient donné lieu à une nouvelle expression en haoussa : *wa'azin kwangiri*, c'est-à-dire « prêcher près de la gare »[2].

En pratique, le discours pro-pauvres des guérillas djihadistes d'aujourd'hui consiste à distribuer de la nourriture aux familles dans le besoin et à alléger les taxes pesant sur les nécessiteux. En principe, l'aumône de la zakat est obligatoire pour tous les musulmans sans exception car elle constitue un des cinq piliers de l'islam. Le croyant qui s'abstiendrait de dépenser de l'argent « pour la cause de Dieu » est même promis à aller en enfer si l'on en croit un

---

1. ICG [2017], *Nord du Burkina Faso : ce que cache le jihad*, Brussels, International Crisis Group, 21 p.
2. Anwar, Auwalu [juin 2015], « The Origin and Development of Gardanci Tradition in Northern Nigeria, up to 1975 », *Arewa House Journal*, vol. 3, n° 3, p. 27.

fameux hadith[1]. Dans le nord du Mali, les hommes d'AQMI en ont donc profité pour transformer la zakat en un impôt de guerre qui, assimilable à un véritable racket, a pu aller jusqu'à la réquisition, l'imposition d'amendes ou le paiement d'indemnités en guise de « prix du sang » pour la protection offerte aux musulmans. À Tombouctou et Gao, les insurgés ont cependant cherché à pondérer leur entreprise d'extorsion en fonction des milieux sociaux qu'ils visaient. Dans un avis écrit en octobre 2011, AQMI recommandait par exemple d'instaurer une sorte de conscription censitaire qui aurait exempté les riches de faire le djihad à condition de payer un impôt de guerre supplémentaire[2].

Ainsi, les organisations qualifiées de terroristes ont généralement pris soin de ménager les pauvres. Pour les paysans, notamment, le paiement de la zakat avait le mérite d'être proportionnel au revenu estimé des récoltes et du cheptel. Au final, il revenait moins cher que de céder au racket des « corps habillés » des services de sécurité maliens dans le delta intérieur du fleuve du Niger. De même aux abords du lac Tchad, les éleveurs peuls, kanouri et boudouma ont trouvé

---

1. Bukhârî, Abu Abdullah [2003], *Le Sahih : Les hadith authentiques établis par le grand traditionniste, l'imam Abu Abdullah Muhammad ben Ismail Al-Bukhâry (m. 256. h), traduit par Harkat Ahmed*, Beyrouth, Al-Makhthba AlA'sryyah, vol. 2, p. 274.

2. Rashid, Sheikh Abu al-Hassan [avr. 2017], *Shari'i pieces of advice and directives to the mujahideen of Nigeria, with an introduction by the Mujahid Sheikh Abu al-Nu'aman Qutaiba al-Shinqiti*, n.d., al-Andalus Foundation for Media Production, Trans. Aymenn Jawad Al-Tamimi.

plus avantageux de passer dans les zones tenues par Boko Haram plutôt que par les armées nigériane ou camerounaise. La différence est aussi que les insurgés délivraient des reçus aux nomades et aux voyageurs qui s'acquittaient de la zakat. Ce n'était évidemment pas le cas des forces de sécurité qui cherchaient à masquer leurs taxations illégales de la population[1].

Pauvreté et terrorisme : un lien qui n'est pas systématique

Pour autant, il serait réducteur de faire de la misère matérielle et morale des populations sahéliennes le déterminant majeur de la poussée des mouvements djihadistes. L'idée selon laquelle la pauvreté mènerait forcément à la violence relève en fait de stéréotypes fort anciens à propos des « classes dangereuses ». Régulièrement décriés comme des apprentis terroristes parce qu'ils vivent de mendicité, les étudiants coraniques, par exemple, suivent généralement les enseignements de marabouts traditionalistes qui prônent l'obéissance et qui vont à l'encontre des doctrines légitimant le droit à la révolte. Au quotidien, ils perçoivent plutôt leur indigence comme un test d'endurance et de patience, une forme volontaire

---

1. La remarque vaut pour les pêcheurs Boudouma du lac Tchad. Les insurgés ont la réputation d'acheter le poisson à prix coûtant alors que les militaires le réquisitionnent sans aucune contrepartie.

d'ascétisme et de piété religieuse[1]. Sur le plan strictement économique, leur sort n'est d'ailleurs pas pire que celui des autres paysans qui ne reçoivent aucune instruction islamique.

En réalité, on sait depuis longtemps que la relation entre pauvreté et révolte n'est pas univoque[2]. Le recours à la religion n'est pas non plus le mode d'expression le plus courant de la colère des misérables. Les mouvements prophétiques, par exemple, ne correspondent pas toujours à des cycles de crise économique et, historiquement, on ne relève pas de corrélation systématique entre pauvreté et révolte millénariste[3]. Dans le même ordre d'idées, les groupes djihadistes ne sont pas nés dans les régions les plus pauvres du Sahel.

Au Mali, la nébuleuse d'al-Qaïda au Maghreb islamique (AQMI) s'est en l'occurrence développée dans le Nord alors que Gao et Kidal connaissaient des indices de pauvreté inférieurs à la moyenne nationale si l'on en croit les statistiques disponibles un an avant la crise de 2012[4]. Au Burkina Faso, encore, la région du Sahel, où a émergé le mouvement Ansarul

---

1. Hoechner, Hannah [2018], *Quranic Schools in Northern Nigeria: Everyday Experiences of Youth, Faith, and Poverty*, Cambridge: Cambridge University Press, 267 p.
2. Gurr, Ted Robert [1970], *Why Men Rebel*, Princeton, Princeton University Press, 421 p.
3. Schwartz, Hillel [1987], « Millenarianism: An Overview », *in* Eliade, Mircea (dir.), *Encyclopedia of Religion*, New York, Macmillan, vol. 9, p. 528.
4. INSM [2013], *Consommation, pauvreté, bien-être des ménages, avril 2011 – mars 2012*, Bamako, Institut national de la statistique du Mali, p. 31.

Islam, était une des moins inégalitaires du pays, avec un taux de pauvreté de 21 % contre 40 % au niveau national[1]. La secte Boko Haram, enfin, n'est pas née dans les milieux les plus défavorisés de la population. Ses initiateurs étaient des citadins de Maiduguri et le Borno n'était pas l'État le plus pauvre de la fédération nigériane avant l'insurrection du groupe en 2009[2]. Si la misère avait été l'élément déterminant de la révolte, le mouvement aurait dû apparaître du côté de Diffa au Niger ou de Maroua au Cameroun. C'est seulement dans un second temps que la pauvreté a poussé des jeunes dans les rangs des contestataires. Dans une sorte de cercle vicieux qui a vu la misère et l'insurrection s'alimenter l'une et l'autre, les hostilités ont alors exacerbé la paupérisation des populations du Borno.

Les enquêtes menées auprès d'anciens combattants confirment qu'une lecture purement économique de la violence djihadiste serait très réductrice. Sur 119 membres de Boko Haram interrogés au Nigeria en janvier 2016, par exemple, seulement 15 % disaient avoir rejoint les insurgés pour échapper à la misère et 6 % pour gagner de l'argent[3]. Tirée

---

1. INSD [2015], *Enquête multisectorielle continue 2014 : Profil de pauvreté et d'inégalités*, Ouagadougou, Institut national de la statistique et de la démographie, p. 31.
2. NBS [2012], *Nigeria Poverty Profile 2010*, Abuja, National Bureau of Statistics, p. 23.
3. Botha, Anneli & Abdile, Mahdi [2016], *Getting behind the profiles of Boko Haram members and factors contributing to radicalisation versus*

d'entretiens avec 22 combattant(e)s de la secte à Maiduguri en février 2018, une étude plus récente montrait également que les facteurs d'attraction du groupe n'étaient pas que matériels et tenaient aussi à des éléments symboliques, notamment en termes de réussite sociale pour les jeunes[1]. De façon significative, on retrouvait ces caractéristiques parmi les Chebab de la Corne de l'Afrique. D'après une enquête menée auprès de 137 de leurs membres emprisonnés au Kenya, seulement 4 % disaient avoir pris les armes pour des raisons économiques[2].

Certes, la même étude révélait que 50 % des Chebab n'avaient pas d'emploi au moment de leur recrutement. Quant à ceux qui avaient auparavant un travail, ils exerçaient surtout des métiers peu qualifiés, ou bien avaient monté leur propre commerce. Il n'en demeure pas moins que la pauvreté ne suffit sûrement pas, à elle seule, à déclencher des violences. Sinon, il suffirait de repérer les poches de pauvreté pour savoir où va éclater le prochain conflit. Qu'elles soient qualifiées de djihadistes ou non, les insurrections qui déchirent à présent le Sahel résultent bien

---

working towards peace, Vienna, King Abdullah Bin Abdulaziz Centre for Interreligious and Intercultural Dialogue (KAICIID), 7 p.

1. Nagarajan, Chitra [2018], « *We Were Changing the World.* » *Radicalization and Empowerment among Young People Associated with Armed Opposition Groups in Northeast Nigeria*, San Francisco, Equal Access International, p. 28.

2. Botha, Anneli [2017], *Terrorism in Kenya and Uganda : Radicalization from a Political Socialization Perspective*, London, Lexington Books, p. 168.

plutôt d'un cocktail explosif d'injustice sociale et de mauvaise gouvernance, conjugué au sentiment de paupérisation, de déclassement et d'exclusion de certaines catégories de populations.

Quand l'aide passe au service des puissants et de la force

Aussi convient-il de ne pas trop spéculer sur la capacité de l'aide internationale à déclencher une dynamique d'enrichissement qui démobiliserait les combattants et désamorcerait les conflits susceptibles de déboucher sur des rébellions menées sous la bannière du Coran. En effet, les périodes de croissance économique peuvent aussi être sources d'inégalités et de tensions sociales. De plus, les expériences menées de pair avec une intervention militaire n'ont guère été concluantes à une échelle globale. Certains chercheurs affirment par exemple que les programmes sociaux financés par l'armée américaine en Irak après l'invasion de 2003 auraient permis d'obtenir le soutien de la population et de diminuer l'intensité et la fréquence des attaques des insurgés[1]. Mais ces résultats sont très contestés. Ainsi, la mise en place d'un « Plan de sécurisation intégré » et la distribution de

---

1. Berman, Eli, Jacob Shapiro & Joseph Felter [August 2011], « Can Hearts and Minds Be Bought? The Economics of Counterinsurgency in Iraq », *Journal of Political Economy*, vol. 119, n° 4, pp. 766-819.

secours par des ONG humanitaires dans la région centrale du Mali n'ont pas mis un terme à l'insurrection de la katiba du Macina, pas plus qu'elles ne semblent avoir apporté aux yeux des civils un surcroît de légitimité en faveur du gouvernement au pouvoir à Bamako[1].

L'utilisation de l'aide internationale afin de lutter contre la pauvreté et le terrorisme tout à la fois repose en fait sur deux grandes illusions. La première, on l'a vu, consiste à établir un lien univoque et mécanique entre pauvreté et violence insurrectionnelle. Simpliste, un tel raisonnement fait abstraction des griefs politiques et religieux de mouvements djihadistes qui ne se réduisent pas à une dimension purement criminelle et lucrative. De plus, il a pour inconvénient d'occulter les autres motifs de rébellion, en particulier l'incurie des États de la région et leur propension à gérer tous les conflits par la violence. La deuxième illusion des approches dites « intégrées » repose quant à elle sur la capacité des bailleurs de fonds à acheter la paix sociale alors que leur aide est un enjeu de compétition qui peut au contraire exacerber et prolonger les hostilités.

Au Sahel, les acteurs de la lutte antiterroriste ne persistent pas moins à vouloir utiliser les secours de la communauté internationale pour « gagner les cœurs et les esprits de la population », un classique

---

1. ICG [2019], *Speaking with the « Bad Guys » : Toward Dialogue with Central Mali's Jihadists*, Brussels, International Crisis Group, p. 9.

des stratégies contre-insurrectionnelles de la guerre froide. L'objectif est tout à la fois de rallier les civils aux forces gouvernementales et de les dissuader de sympathiser avec la rébellion en ravitaillant les insurgés, en leur servant d'espions ou en finissant par rejoindre leur combat. Dans une telle optique, l'aide internationale est présentée comme une panacée pour sortir de la crise et, à terme, permettre un désengagement militaire. Pour les autorités françaises, en particulier, l'approche se veut « intégrée » et la formule magique tient en trois lettres, les 3D de « Diplomatie », « Développement » et « Défense ».

Montée début 2017 avec, essentiellement, l'Allemagne, l'Alliance Sahel a ainsi été conçue comme une plateforme de financement de projets qui visent à accompagner le déploiement des troupes de l'opération Barkhane. Son périmètre d'action recoupe celui de la force du G5. Quant à son mandat, il inclut depuis 2019 les questions de sécurité intérieure et prévoit, entre autres, de former les polices des frontières de la région afin de mieux réguler les flux migratoires susceptibles de se diriger vers l'Europe. À l'occasion, l'Alliance Sahel fournit aussi le « service après-vente » des opérations militaires en cours et finance par exemple la réparation des infrastructures portuaires bombardées par l'armée française à Konna le long du fleuve Niger en 2013.

L'Élysée n'est certes pas seul à vouloir aider les pays francophones du Sahel à des fins militaires. La coopération américaine USAID (United States Agency for International Development) est également active et ses engagements financiers dans la zone ont même fini par dépasser ceux de l'ancienne puissance coloniale. Autour du lac Tchad, par exemple, elle soutient des programmes de déboisement qui ont pour but d'occuper les jeunes et de débusquer les rebelles de Boko Haram cachés dans les fourrés des régions frontalières de Diffa au Niger et de l'Extrême-Nord au Cameroun. Non sans inconvénients, d'ailleurs : pour collecter du bois de cuisine, les civils, notamment les femmes et les enfants, doivent désormais se déplacer plus loin et courent davantage de risques d'être attaqués en cours de chemin.

Les travers de l'aide sont bien connus à cet égard. Dans les zones de conflits, en particulier, l'injection des ressources de la communauté internationale est un enjeu de compétition qui peut provoquer de nouveaux affrontements et prolonger les hostilités. L'aide est fréquemment détournée, elle alimente les économies de guerre et elle décharge les belligérants de leurs obligations sociales à l'égard des populations civiles, permettant aux combattants de concentrer tous leurs efforts sur la poursuite de la lutte armée[1]. D'une manière générale, l'assistance de la communauté internationale présente les mêmes inconvénients que la rente pétrolière quand elle tend à favoriser l'opacité, à renforcer l'impunité des dirigeants et à

---

1. Pérouse de Montclos, Marc-Antoine [2001], *L'Aide humanitaire, aide à la guerre ?*, Bruxelles, Complexe, 208 p.

subvertir le contrat social. L'aide permet alors à des États autoritaires de vivre de revenus extérieurs sans avoir besoin de lever des impôts localement et, donc, de rendre des comptes à leurs citoyens.

Le Sahel n'échappe évidemment pas à ces problèmes. Principal maître d'œuvre de l'Élysée en la matière, l'AFD (Agence française de développement) se retrouve ainsi à financer plus ou moins directement des régimes corrompus et autoritaires. Au Tchad, par exemple, elle a reçu instruction de payer les fins de mois des salaires de la fonction publique, un type d'engagement qui, en principe, ne se pratique plus depuis que l'on a mis fin aux coopérations de substitution en vigueur au moment des indépendances. Arrivé au pouvoir par un coup de force en 1990 et régulièrement réélu depuis lors, le chef de l'État, Idriss Deby, avait pourtant eu l'occasion d'engranger d'importantes recettes pétrolières grâce à la découverte de gisements mis en exploitation à partir de 2003. Mais l'argent a disparu des comptes de la nation et c'est la France des présidents Nicolas Sarkozy, François Hollande puis Emmanuel Macron qui a pris le relais en assurant la survie financière d'un régime devenu un indispensable allié de la lutte contre le terrorisme au Sahel.

L'aide au développement est-elle seulement efficace pour lutter contre la pauvreté et, éventuellement, contenir les conflits ? Rien n'est moins sûr. D'après les études de certains économistes américains, la France est le bailleur de fonds dont l'aide enregistre la plus mauvaise performance dans des États fragiles[1]. Le problème tient aussi à la difficulté de dresser un bilan des actions menées. Il est toujours possible de constater les échecs de l'aide. Mais il est moins évident d'apprécier ses réussites lorsque la situation s'améliore du fait d'une multitude de facteurs qui n'ont rien à voir avec l'assistance de la communauté internationale. Les dispositifs d'évaluation sont pour le moins déficients à cet égard. L'AFD, en particulier, compte parmi les moins transparentes des agences de développement des pays occidentaux si l'on en croit les classements de l'ONG Aid Transparency Index[2]. Député macroniste d'origine tutsi et rwandaise, Hervé Berville admet lui-même l'opacité de l'aide française. « Il est difficile, écrivait-il dans un rapport officiel, de trouver d'autres types de politiques publiques dont les performances sont aussi peu évaluées sur la base des résultats et autant sur celle des dépenses[3]. »

En effet, il y a très peu de véritables études de terrain sur l'impact de l'aide. La France n'est pas la seule concernée et les opérateurs de développement sont trop souvent jugés sur leur capacité de décaissement,

---

1. Chandy, Laurence, Brina Seidel & Christine Zhang [2016], *Aid effectiveness in fragile states. How bad is it and how can it improve?*, Washington, Brookings Institution, 42 p.

2. https://www.publishwhatyoufund.org/the-index/2018

3. Berville, Hervé [2018], *Rapport sur la modernisation de la politique partenariale de développement et de solidarité internationale*, Paris, Assemblée Nationale, p. 46

quitte à devoir débourser rapidement des sommes considérables en fin d'année afin d'atteindre les seuils qu'ils se sont fixés. Mobilisées sur la crise humanitaire autour de Boko Haram et du lac Tchad, les conférences d'Oslo en 2017 puis Berlin en 2018 ont ainsi consisté à mettre en compétition les pays développés pour annoncer des promesses de dons sans que l'on sache trop si l'argent allait effectivement être versé et dans quelle poche il allait finalement échoir. Dans cette logique, les modalités d'évaluation de l'aide sont surtout quantitatives et non qualitatives. C'est l'intention qui compte : l'offre, plus que la demande.

Les analyses d'impact de l'aide peuvent alors se perdre à leur aise dans un jargon technocratique et inintelligible pour le commun des mortels, français comme malien. Leur avalanche de chiffres confine parfois au ridicule : en deux ans d'existence, l'Alliance Sahel a ainsi passé une bonne partie de son temps à essayer d'harmoniser ses efforts d'évaluation. Le bilan bureaucratique était, selon elle, satisfaisant puisque le nombre d'indicateurs utilisés en commun par la Banque mondiale, l'Union européenne et l'AFD avait été réduit de 90 à 32. Mais évidemment, tout cela ne nous disait rien de l'impact des réalisations entreprises sur le terrain. En effet, l'objectif n'est sûrement pas de s'intéresser à la façon dont l'aide internationale est possiblement détournée pour alimenter les conflits.

L'autoradicalisation républicaine

Quelque part en France, début 2018

Nous sommes réunis pour échanger sur la situation au Sahel. Il y a parmi nous des décideurs politiques, des diplomates, des développementalistes, des militaires et des chercheurs spécialistes de la région. À un moment, le débat s'arrête sur l'épineuse question de la « radicalisation de l'islam ». Je souligne combien il peut être dangereux de surdéterminer l'importance du facteur religieux pour comprendre les conflits du Sahel. J'ajoute que les professionnels de l'antiterrorisme ne sont pas vraiment bien placés pour s'improviser théologiens, « dé-radicaliser » les esprits et expliquer la « bonne » version de l'islam aux musulmans africains. De telles prétentions sont d'autant plus malvenues que la France est perçue au Sahel, et plus généralement dans le monde, comme une république laïque et férocement attachée au principe de séparation de l'État et de la religion.

« *Mais si, s'écrie un colonel, c'est bien à la France qu'il revient d'aider les Africains à comprendre les sourates du Coran.* »

Allons bon ! Nous voilà donc embarqués dans une guerre de civilisation. La France républicaine entend refaçonner l'islam pour mieux le domestiquer. Les enseignements de la période coloniale ont visiblement été oubliés. Occupés à défricher et déchiffrer les territoires de l'Afrique de l'Ouest sahélienne, les « administrateurs ethnologues » d'autrefois étaient pourtant très prudents en la matière. Au tout début du XXᵉ siècle, Alain Quellien, à qui l'on prête l'invention du néologisme « islamophobie », invitait ainsi à « tolérer l'islam et le traiter avec impartialité plutôt que de le combattre et le surexciter par des persécutions inutiles[1] ».

À l'heure de la « guerre globale contre le terrorisme », la classe politique française, de droite comme de gauche, semble avoir oublié les préventions du colonisateur autrefois. Après un attentat, Manuel Valls a par exemple suggéré d'interdire le salafisme en France, quitte à radicaliser et plonger dans la clandestinité un courant qui ne se réduit certainement pas à l'option djihadiste. Jean-Pierre Chevènement, quant à lui, ne s'est pas gêné pour prendre la tête de

---

1. Quellien, Alain [1910], *La Politique musulmane dans l'Afrique occidentale française*, Paris, Émile Larose, p. vii.

238

la Fondation des œuvres de l'islam de France alors qu'il incarne par excellence la figure du républicain laïc et souverainiste. Candidat à la présidentielle, François Fillon s'est pour sa part posé en défenseur des « racines chrétiennes de la France » et s'est engagé, dans un ouvrage publié fin 2016, à « vaincre le totalitarisme islamique ».

Dès qu'il s'agit de terrorisme djihadiste, on assiste en fait à une sorte de raidissement, voire de « radicalisation » de la classe politique française. Le refus de prendre en compte la complexité du problème n'en est que plus évident quand on évoque le cas des pays francophones du Sahel, région du monde qui évoque aussitôt le désert, l'immigration illégale, une explosion démographique incontrôlable, un effroyable sous-développement et, d'une manière plus générale, une menace alimentée par des peurs fort anciennes à propos de la barbarie du musulman et de la sauvagerie du Noir. Les élus de la nation, il est vrai, ne sont pas seuls en cause. Nourrie par les analyses alarmistes de certains chercheurs avides de notoriété et adeptes de la « théorie des dominos », l'industrie de la consultance et de la sécurité privée n'est pas la dernière à surenchérir quand il s'agit de souligner les risques d'une dégradation de la situation et d'une déflagration générale de « l'arc de crise » sahélien. De ces représentations découlent les nombreuses erreurs de diagnostic qui ont conduit à surdimensionner la réponse au terrorisme en insistant indûment sur l'importance de la religion, de la pauvreté et de la dimension globale et connectée des groupes insurrectionnels.

Des incohérences d'un récit anxiogène

Lorsqu'ils parlent du djihadisme au Sahel, les décideurs politiques en France se focalisent d'abord sur les méfaits du salafisme et d'extrémismes en provenance du monde arabe. Ils font ainsi le jeu d'ennemis dont ils exagèrent la capacité de nuisance et de projection à l'international. La représentation d'un grand complot djihadiste qui puiserait ses racines profondes dans le monde arabe et qui aurait embrasé toute la région donne en effet aux insurgés une audience internationale. Les terroristes, on le sait, ont pour but de faire peur. La guerre de communication leur est donc essentielle et ils ont tout intérêt à exagérer leur capacité à frapper n'importe où dans le monde entier.

Autre inconvénient, les fantasmes sur l'existence d'une Internationale islamiste se sont répercutés sur le calibrage de la réponse au terrorisme, qui n'a pas ou peu pris en compte les racines locales des conflits et la responsabilité des gouvernements alliés aux Occidentaux. Dans l'optique d'un djihad global, Boko Haram a par exemple été présenté comme le groupe terroriste le plus meurtrier du monde parce qu'il aurait été « associé » à al-Qaïda, et non parce qu'il aurait agi avec peu de moyens dans le pays le plus peuplé d'Afrique, en l'occurrence face à une armée corrompue et incapable de restaurer l'ordre au Nigeria[1]. Après l'allégeance d'une faction du mouvement à Daech en 2015, certains analystes en chambre ont également spéculé sur la prétendue professionnalisation militaire des rebelles en activité autour du lac Tchad.

Depuis lors, pourtant, la mouvance Boko Haram a perdu énormément de territoire et ses combattants ont continué de se comporter de façon très rudimentaire en tuant essentiellement des civils et des musulmans. Si les attaques des partisans de l'État islamique ont été plus massives et meurtrières, celles de leurs rivaux favorables à Abubakar Shekau ont été bien aussi dévastatrices car plus fréquentes. Sur le terrain, on n'a pas noté non plus de véritable inflexion stratégique pour s'en prendre à des intérêts occidentaux. Les différences observées entre la faction affiliée à Daech et le « canal historique » de Boko Haram, resté fidèle à Abubakar Shekau, ont surtout été d'ordre tactique, quoi qu'il en soit de leurs allégeances, de leurs divergences personnelles et de la diversité de leurs implantations géographiques, la première dans la cuvette du lac Tchad, le second à la frontière du Cameroun dans les monts Mandara.

Certes, les partisans de l'État islamique ont davantage ciblé des militaires et employé des hommes

---

1. Moghadam, Assaf [2017], *Nexus of global Jihad : understanding cooperation among terrorist actors*, New York, Columbia University Press, p. 11.

pour conduire des véhicules piégés. Les moudjahidin d'Abubakar Shekau, eux, ont embrigadé des femmes et des enfants pour perpétrer des attentats suicides. Mais la nécessité de lutter contre un ennemi commun et mieux armé les a vite obligés à mettre un terme aux affrontements interfactionnels. En février 2018, par exemple, tant la faction pro-Daech que la bande à Abubakar Shekau ont relâché des otages à Banki, une localité sur la frontière du Cameroun que la première aurait difficilement pu atteindre sans l'accord de la seconde[1].

Un pareil constat vaut pour le Mali et le Burkina Faso. Dans la région du Liptako-Gourma, les combattants de l'EIGS (État islamique dans le Grand Sahara), qui ont rallié Daech, sont en fait très proches de ceux de la nébuleuse d'Ibrahim Dicko au sein de la mouvance d'al-Qaïda et du Groupe pour la victoire de l'islam et des musulmans. En pratique, les affiliations à un mouvement djihadiste global ne semblent pas changer grand-chose sur le plan stratégique. Au Mali, il convient ainsi de ne pas surestimer les raisons exogènes de la montée en puissance de la *katiba* (« brigade ») du Macina, au prétexte que son leader, Amadou Koufa, a prêté allégeance au dirigeant touareg du Groupe pour la victoire de l'islam et des musulmans, Iyad Ag Ghaly, qui a lui-même prêté allégeance à l'émir algérien d'AQMI, Abdelmalik

---

1. Mahmood, Omar & Ndubuisi Christian Ani [2018], *Factional Dynamics within Boko Haram*, Johannesburg, ISS, p. 15.

L'autoradicalisation républicaine

Droukdel, qui a lui-même prêté allégeance au chef égyptien d'al-Qaïda, Ayman al-Zawahiri, qui, comme Oussama Ben Laden en son temps, a lui-même prêté allégeance au leader des talibans d'Afghanistan, Haibatullah Akhundzada. En remontant la chaîne, on pourrait alors être porté à croire qu'il faudrait aller jusqu'à négocier avec les représentants des talibans en exil au Pakistan ou au Qatar pour régler les conflits de la région centrale du Mali, ce qui n'est évidemment pas le cas[1].

Autre difficulté, les fantasmes sur un grand complot islamiste ont conduit à imaginer que les différents mouvements djihadistes du Sahel disposaient d'une force de frappe conséquente grâce à des soutiens en provenance du Moyen-Orient. Comble de l'absurde, les Américains et les Nations unies ont ainsi placé Boko Haram sur la liste des organisations terroristes internationales pour être en mesure de confisquer les avoirs à l'étranger de leaders qui n'avaient même pas de comptes en banque au Nigeria, et encore moins de placements financiers outre-mer. Dans un tel contexte, les décideurs n'ont pas voulu voir que les insurrections *low-cost* du Sahel n'étaient nullement en mesure de s'acheter des armes sophistiquées ou de payer des sommes astronomiques pour lever des armées de mercenaires, de chimistes,

---

1. Amadou Koufa aurait en fait rallié la mouvance d'Iyad Ag Ghaly dès 2012. Des photos le montrent défilant à ses côtés à Bamako lors de manifestations contre une tentative de réforme laïque du Code de la famille en 2009.

d'artificiers et d'ingénieurs de la destruction. Ce faisant, de nombreux militaires et diplomates français se sont interdit d'analyser l'économie politique des conflits pour comprendre les véritables raisons de la résilience des groupes djihadistes face à des coalitions militaires dont la puissance de feu était bien supérieure. Obnubilés par la possibilité de transferts de fonds en provenance du monde arabe, ils ont notamment minoré l'importance des rackets de protection, des mécanismes d'extorsion et des enlèvements d'autochtones qui, à défaut d'être rapportés par les médias occidentaux, assurent au quotidien la survie de combattants dépenaillés.

Dans le même ordre d'idées, militaires et diplomates français ont souvent exagéré la portée internationale des contrebandes d'armes qui étaient susceptibles d'équiper les insurgés depuis la chute du régime de Mouammar Kadhafi en Libye. Sur le terrain, il s'avère pourtant que les combattants de la nébuleuse d'AQMI se sont surtout approvisionnés dans les arsenaux de l'armée malienne, avec des armes volées, vendues par des militaires véreux ou récupérées lors de la désertion des unités intégrées dans les forces de sécurité au cours des processus de paix des années 1990 et 2000. On pourrait en dire autant des hommes de Boko Haram, dont les armes proviennent essentiellement des forces nigérianes, camerounaises et tchadiennes.

Face au grand discours sur une menace globale, la gestion du défi djihadiste au Sahel montre en fait que la solution est d'abord locale. Le diable se niche dans les détails : pour gagner le soutien des civils et contenir les contrebandes d'armes, il serait plus efficace de dénoncer les turpitudes des gouvernements alliés à la France et de combattre la corruption au sein de leurs armées. Le problème est qu'un tel diagnostic est difficile à dire et à entendre publiquement. Les décideurs politiques et militaires français continuent donc de diffuser l'idée d'une menace globale et d'un « arc de crise » qui contredit leur vision segmentée de la bande sahélienne. Le contraste est particulièrement saisissant quand on le met en relation avec leur compréhension étriquée d'une région du monde réduite à une poignée de pays francophones.

D'un point de vue étymologique, historique et géographique, le Sahel est une « rive » en arabe, en l'occurrence un espace qui se définit par ses niveaux de pluviométrie et qui longe le Sahara au sud, allant du Cap-Vert jusqu'à la Corne de l'Afrique[1]. Mais en pratique, les décideurs politiques et militaires français y voient une région composée, pour l'essentiel, de cinq pays francophones et tous liés à Paris par des accords de défense, à savoir la Mauritanie, le Burkina Faso, le Mali, le Niger et le Tchad. Unique au monde, une telle définition correspond au périmètre

---

1. Le ministère des Affaires étrangères décrit lui-même le Sahel comme une région « traversant le continent d'Ouest en Est, de Dakar à Djibouti ». Accès : https://www.diplomatie.gouv.fr/fr/politique-etrangere-de-la-france/defense-et-securite/terrorisme-l-action-internationale-de-la-france/article/la-menace-terroriste-au-sahel

des États membres du « Groupe des Cinq », le G5 Sahel, qui, depuis 2015, est censé prendre le relais de l'opération Barkhane pour combattre les groupes terroristes de la zone.

Loin du narratif sur une menace d'ampleur globale, le pragmatisme des militaires français et leur focalisation sur la partie occidentale de « l'arc de crise » sahélien reflètent aussi une sorte de « division du travail » qui prévoit de laisser aux États-Unis le soin de s'occuper du Soudan, de l'Éthiopie et de la Corne de l'Afrique, notamment la Somalie. Ainsi, l'armée américaine est particulièrement peu présente au Mali. Début 2013, il a fallu qu'AQMI prenne en otage des ressortissants états-uniens lors de son attaque contre le complexe gazier d'In Amenas en Algérie pour que Washington, d'abord réticent, s'engage davantage à soutenir la logistique de l'opération Serval.

Au vu de la politique isolationniste du président Donald Trump à Washington et de l'enlisement des engagements de ses prédécesseurs en Afghanistan et en Irak, il semble aujourd'hui peu probable que les Américains s'investissent davantage en direction de la Libye ou, plus au sud, dans la lutte contre Boko Haram. Sur le terrain, les difficultés tiennent également au souverainisme sourcilleux des Nigérians et à la dégradation de la situation au Cameroun[1]. La

---

1. Fin 2018, le lobby des Camerounais anglophones aux États-Unis a par exemple obtenu du Congrès qu'il bloque à destination de Yaoundé

contradiction n'en est que plus criante : l'engagement militaire des puissances occidentales au Sahel est moindre qu'au Moyen-Orient et sans commune mesure avec le récit que les gouvernements français font couramment d'une menace djihadiste qui est censée déstabiliser toute l'Afrique et déborder vers l'Europe en y précipitant une poignée d'extrémistes noyés au milieu d'un exode de migrants illégaux.

De l'aveuglement à l'entêtement

La question reste ouverte. L'entêtement à maintenir des troupes au Sahel et la dramatisation de l'ampleur des troubles témoigneraient-ils seulement d'une ignorance des réalités locales ? D'une forme d'aveuglement idéologique qui, dans le cas de la France républicaine et laïque, reviendrait par contrecoup à surestimer l'influence du modèle al-qaïdiste ? Ou bien d'un refus stratégique d'admettre les défaillances des régimes alliés aux Occidentaux et leur profonde responsabilité politique dans la perpétuation de la crise ? Ou encore d'un besoin de démonstration de puissance et d'un sentiment de supériorité pour affirmer la capacité des pays développés à résoudre les problèmes des Africains et à maintenir la paix dans le monde ?

---

les exportations d'armes susceptibles de servir à massacrer des civils sous prétexte de réprimer les sécessionnistes dans le sud-ouest du pays.

Sans doute un peu de tout cela à la fois. Qu'ils soient militaires en caserne, ambassadeurs dans leur bunker ou banquiers du développement dans des bureaux climatisés, les décideurs français au Sahel donnent trop souvent le sentiment de vivre dans une bulle, d'être coupés des réalités sociales et de mal appréhender les perceptions locales. C'est particulièrement frappant pour certains diplomates qui interdisent à leurs collaborateurs tout contact avec l'opposition et dont les seules sources d'information proviennent des gouvernements en place, certes avec l'apport précieux et précis de conversations glanées au cours de cocktails. S'y ajoutent des convictions bien ancrées et quelque peu nostalgiques sur le rôle que l'ancienne puissance coloniale pourrait et devrait continuer de jouer dans son pré carré africain.

L'illusion est d'ordre militaire et politique tout à la fois. On y retrouve un peu les présupposés de Winston Churchill qui, en 1898 déjà, vantait les mérites de la supériorité technologique des armées occidentales pour écraser la « barbarie » des insurgés mahdistes du Soudan[1]. Aujourd'hui plus que jamais, les 20 000 troupes étrangères déployées au Mali, Français et casques bleus compris, disposent indéniablement d'une capacité d'approvisionnement, d'une formation professionnelle et d'une puissance de feu que n'ont absolument pas les quelques

---

1. Churchill, Winston [1899], *The River War. An historical account of the reconquest of the Soudan*, London, Longmans & Co, p. 164.

centaines de djihadistes qu'elles combattent… et dont elles n'arrivent pas à venir à bout[1]. Mais l'illusion n'est pas que technique. Dans le cas de la France, elle tient aussi à la relation très spécifique que l'Élysée entretient avec les anciennes colonies. Sous prétexte que les États sahéliens sont faibles et sous-développés, de nombreux dirigeants politiques à Paris croient en effet qu'ils ont un rôle à jouer dans la région, une vision qui, pour certains, confine à de l'arrogance, voire à une forme de condescendance teintée d'orgueil.

Pour contrer des menaces de type islamiste, l'Élysée avait ainsi estimé à juste titre qu'il n'aurait été ni raisonnable ni faisable d'envoyer des troupes au secours du Chah en Iran 1979, des partisans de la laïcité en Algérie en 1991 ou des seigneurs de guerre opposés aux talibans en Afghanistan en 1996. Au Mali, en revanche, le président François Hollande a décidé de monter une intervention qu'il jugeait être en mesure de pouvoir éliminer le fléau djihadiste sur la base d'un rapport de force militaire très défavorable aux insurgés. Au lieu d'admettre que la France pouvait seulement accompagner un processus endogène de résolution du conflit, il a voulu imposer la paix en vertu du chapitre sept de la charte des Nations unies qui autorise les missions de *peace enforcement* et pas seulement de *peacekeeping*. On connaît la suite : les

---

1. Eizenga, Daniel [2019], *Long term trends across security and development in the Sahel*, Paris, OECD, West African Papers 25, p. 21.

djihadistes n'ont pas cessé le combat et les accords de paix d'Alger, signés en 2015, n'ont pas été appliqués par un gouvernement malien qui, loin d'être manipulable, a fait preuve d'une évidente mauvaise volonté politique en la matière.

Moins convaincantes, d'autres considérations sont également évoquées pour expliquer l'opération Serval en 2013. Aux yeux de beaucoup d'Africains, la France aurait ainsi voulu mettre la main sur un pétrole qui, dans le nord du Mali, était en fait prospecté par les Algériens et qui n'a jamais donné lieu à des découvertes en quantités suffisantes pour être commercialisables, voire exportables. En réalité, le Sahel pèse bien peu dans la balance commerciale française, quoi qu'il en soit par ailleurs de la production de cacahuètes au Sénégal ou de l'exploitation de mines d'uranium par Areva au Niger. Si l'intervention militaire avait été motivée par des raisons économiques, son échec n'en serait que plus patent : les opérations Serval puis Barkhane n'ont guère été rentables au vu de leur coût, qui ne cesse d'augmenter à mesure qu'elles s'éternisent, et de leur incapacité à rétablir les parts de marché de la France, qui n'ont pas cessé de se dégrader depuis la période des indépendances[1].

---

1. Le coût de l'intervention de la France au Mali est généralement considéré comme raisonnable comparé aux sommes astronomiques dépensées par l'armée américaine en Afghanistan et en Irak. Les estimations chiffrées du Sénat, qui totalisent 2,4 milliards d'euros pour les opérations Serval puis Barkhane entre 2014 et 2017, ne prennent cependant pas

L'autoradicalisation républicaine

En fait de débouchés commerciaux, la part de l'Afrique dans les exportations françaises a diminué de moitié en vingt ans, passant de 11 % à 5 % du total en 2017, année symbolique pendant laquelle l'Allemagne est devenue le premier fournisseur européen du continent. Concernant plus précisément l'Afrique francophone, la chute a été généralisée et n'a épargné aucun pays, Mali compris[1]. Bien qu'elles affichent encore un bilan excédentaire, les parts de marché de la France dans la région sont ainsi tombées de 25 % à 12 % pendant cette période. De plus, cela fait très longtemps que l'essentiel des importations stratégiques de l'Hexagone en provenance d'Afrique (hydrocarbures, minerais) vient de pays anglophones et non francophones, à l'exception de l'uranium nigérien. Hormis le Maghreb, qui représente la moitié du commerce total avec le continent, les principaux partenaires commerciaux de la France au sud du Sahara sont, assez logiquement, les plus grosses économies de la région, à savoir le Nigeria et l'Afrique du Sud.

Ainsi, la ventilation géographique des intérêts financiers, industriels et stratégiques de la France

en compte l'entretien au sud du Sahara de bases militaires permanentes qui existent depuis la période des indépendances et qui ont permis de réduire la facture du déploiement de troupes outre-mer. Cf. Thierry Hommel & Pérouse de Montclos, Marc-Antoine, « La France militaire en Afrique : un mauvais investissement économique », *The Conversation*, 24 septembre 2019.

1. https://www.coface.fr/Actualites-Publications/Publications/Course-aux-parts-de-marche-en-Afrique-l-echappee-francaise-reprise-par-le-peloton-europeen

en Afrique ne correspond pas du tout à la carte du déploiement de ses troupes outre-mer. Économie lilliputienne, la Centrafrique le confirme à sa manière avec l'opération Sangaris, qui fut lancée par le président François Hollande quelques mois après Serval au Mali. Certes, les commentateurs qui dénoncent l'agenda caché des interventions militaires de la France au Sahel ne s'arrêtent pas à des arguments économiques. Ils insistent aussi sur des logiques relevant de la politique intérieure, et pas seulement extérieure. D'après eux, le président François Hollande aurait ainsi voulu se présenter en chef de guerre au Mali pour masquer son échec à lutter contre le chômage en France, plutôt que le terrorisme au fin fond du Sahara.

Ce n'est pas impossible. Mais la décision de lancer l'opération Serval au Mali n'aurait pas pu être prise sans un minimum de concertation avec des militaires bien décidés, eux, à profiter des opportunités qu'offrait la lutte contre le terrorisme pour préserver leurs bases permanentes en Afrique subsaharienne. Pour eux, l'enjeu était d'autant plus important qu'au même moment les rédacteurs du *Livre blanc* de la Défense envisageaient de réduire drastiquement leur budget. L'opération Serval allait en outre permettre aux anciens d'Afrique d'exercer leur métier sur le terrain sans être dessaisi de leurs prérogatives au profit de la technologie ou de la guerre de dissuasion nucléaire. Progressivement, les militaires ont ainsi pris le pas sur des diplomates qui, bien souvent, étaient plus intéressés à poursuivre leur carrière en Amérique du Nord, en Europe ou en Asie.

Le beau rôle, mais pour combien de temps ?

À dire vrai, François Hollande n'aurait pas non plus obtenu le soutien de l'opinion publique pour intervenir au Mali s'il n'avait pas su mobiliser les idéaux républicains qui assignaient à la France post-coloniale une mission civilisatrice, voire messianique. Le Sahel et les mirages du Sahara offraient un beau décor de théâtre face à la « barbarie djihadiste », quitte à prendre des libertés avec la vérité. Au moment de l'invasion américaine de l'Irak en 2003, déjà, la rumeur avait circulé, à tort, que Saddam Hussein se serait approvisionné en uranium au Niger pour fabriquer des armes de destruction massive. Dix ans plus tard au Mali, le président François Hollande prétendait quant à lui que la France était intervenue pour mettre un terme à de prétendus massacres de femmes et d'enfants que les djihadistes n'avaient en réalité jamais commis[1]. Personne ne le contesta,

---

1. Les chefs d'accusation de la Cour pénale internationale contre les islamistes qui contrôlaient le nord du Mali à l'époque portent sur des viols et des mariages forcés. Un jeune couple non marié aurait aussi été lapidé à mort à Aguelhok le 29 juillet 2012. Mais le seul massacre recensé pendant cette période, également à Aguelhok, a visé des soldats maliens désarmés, et non des femmes ou des enfants. Aucune commission

pas plus que ne fut remis en cause le scénario selon lequel les insurgés se seraient emparés de Bamako si l'armée française n'avait pas été là pour bloquer leur avancée.

Le contraste est saisissant. Lors de la première crise du Golfe en 1991, des Français étaient descendus dans la rue pour manifester contre l'intervention militaire des États-Unis au Koweït. L'Élysée avait ensuite pris officiellement position contre Washington au moment de l'invasion de l'Irak en 2003. Au Mali, en revanche, le déploiement de l'armée française n'a guère suscité de protestations en 2013. Autant les journalistes américains s'étaient empressés de questionner les raisons de l'intervention des États-Unis en Irak, où il n'existait pas d'armes de destruction massive, autant la presse parisienne n'a guère poussé bien loin ses investigations sur les déclarations du président François Hollande à propos de massacres prétendument commis par les djihadistes. En Amérique et en Grande-Bretagne, des commissions d'enquête parlementaire ont également fini par interroger de façon très critique les motifs et les conditions de l'entrée en guerre de leur pays en Afghanistan en 2001

---

d'enquête judiciaire n'a jamais réussi à déterminer s'il avait été commis par les djihadistes ou les indépendantistes touaregs. Quant aux récits de lapidations de couples non mariés, certains relevaient de la rumeur et ont fini par être démentis, par exemple à Aguelhok le 29 mai 2017.

http://www.bfmtv.com/international/hollande-mali-nous-avons-gagne-cette-guerre-606316.html

http://www.rfi.fr/afrique/20170529-mali-lapidation-dementi-couple-aguelhoc-tessalit

et en Irak en 2003. Il n'en a rien été en France, tant à propos du Mali en 2013 que de la Libye en 2011.

Malgré l'ensablement du conflit, le principe d'un engagement militaire au Sahel semble aujourd'hui continuer de faire l'objet d'un relatif consensus au sein de l'opinion publique et de la classe politique. Les autorités n'ont donc pas besoin d'expliquer aux Français pourquoi la décapitation djihadiste serait plus inacceptable que le démembrement des corps dans les geôles des régimes alliés à la France. En 2017, par exemple, un rapport d'Amnesty International a montré que, dans le nord du Cameroun, les services de sécurité torturaient régulièrement des villageois suspectés de soutenir Boko Haram. Dans la même caserne se trouvaient des militaires français et américains qui, eux, n'auraient rien vu ni entendu. En guise de scandale d'État, l'affaire a provoqué... un silence assourdissant[1].

Dans leur principe, les mensonges par omission des autorités françaises à propos du Cameroun ou d'autres pays de la zone ne sont en fait pas très éloignés de l'attitude de dénégation des coopérants militaires auditionnés au moment du procès à Dakar en 2016 de l'ancien président tchadien Hissène Habré, qui était accusé de crimes contre l'humanité. On peut supposer qu'en réalité les agents de la DGSE

---

1. Amnesty International [2017], *Cameroon's Secret Torture Chambers: Human Rights Violations And War Crimes In The Fight Against Boko Haram*, London, Amnesty International, 70 p.

savaient très bien ce qui se tramait dans les salles de torture d'une dictature dont ils avaient commencé dès 1983 à former les services de sécurité pour résister aux incursions de la Libye de Mouammar Kadhafi. De deux choses l'une, soit ils ne savaient pas et ils auraient alors dû être renvoyés pour leur profonde incompétence, soit ils savaient et ils se sont tus au nom de la raison d'État et de leur devoir de réserve.

Aujourd'hui, ce n'est pas non plus l'armée française qui torture et qui massacre. La lutte contre le terrorisme au Sahel n'est pas la guerre d'Algérie. Peut-on pour autant passer sous silence la complicité de la France avec des forces de sécurité dont les pratiques sont inexcusables ? Il faut croire que oui tant l'opinion publique reste indifférente aux problèmes du Sahel. Des députés macronistes déplorent eux-mêmes le « déficit de débat public » et le « faible écho médiatique » que suscite l'aide publique au développement dans la région[1]. Leur constat, en l'occurrence, s'applique tout aussi bien aux dérapages de la « sale guerre » contre le terrorisme.

Dans le décor théâtral d'un désert apparemment sans limites, il est vrai que la France a quelques facilités à jouer le beau rôle face à la barbarie djihadiste. Pour l'opinion publique, le niveau de pertes au Sahel

---

1. Berville, Hervé [2018], *Rapport sur la modernisation de la politique partenariale de développement et de solidarité internationale*, Paris, Assemblée Nationale, p. 52.

reste acceptable. De plus, il n'y a pas de génocide. Contrairement au Rwanda avec le syndrome de l'opération Turquoise en 1994, le gouvernement français ne craint donc pas beaucoup de voir son image ternie par le comportement des armées de ses alliés africains. Tout au plus peut-il s'inquiéter d'un enlisement qui finit par délégitimer les déclarations triomphalistes de ses ministres ou d'Emmanuel Macron passant Noël avec les troupes de Barkhane à Niamey puis Ndjamena en 2017 et 2018.

En effet, la résilience des insurrections djihadistes porte atteinte au crédit de l'Élysée. L'intervention au Mali était censée démontrer que la France était encore une puissance moyenne capable de sauver le monde du péril islamiste, justifiant ainsi son siège permanent au Conseil de sécurité des Nations unies. Avec 4 500 militaires, l'armée française n'a cependant pas réussi à gagner de victoire décisive contre quelques centaines de combattants. L'opération Barkhane a clairement montré les limites et les contradictions d'un discours martial qui a consisté à déclarer la guerre au terrorisme tout en refusant d'appliquer le droit de la guerre, en violation des conventions humanitaires en vigueur à l'international.

Fort heureusement, le ridicule ne tue plus. Sinon, il y aurait quelques raisons de s'inquiéter du sort de ministres de la Défense annonçant triomphalement la mort de chefs djihadistes qui s'empressent de ressusciter quelque temps après dans des vidéos aux communiqués vengeurs et moqueurs. Ce fut par exemple le cas du leader de la katiba du Macina, Amadou Koufa, à la suite d'une attaque des armées malienne et française fin 2018. Le chef du « canal historique » de Boko Haram, Abubakar Shekau, n'a pas démérité non plus. Comme un chat à sept ou neuf vies, il détient sans doute le record de la résurrection tant sa mort a été annoncée à de nombreuses reprises par les Nigérians, les Camerounais et les Tchadiens depuis 2010.

Bien entendu, ces échecs à répétition ont contribué à renforcer la réputation d'invincibilité des djihadistes et à décrédibiliser les forces de sécurité. Au Nigeria, notamment, le président Muhammadu Buhari devait inconsidérément déclarer en décembre 2015 que Boko Haram était « techniquement défait ». La suite des événements allait lui donner tort. En juin 2016, l'armée nigériane et ses alliés autour du lac Tchad en étaient encore à lancer une opération dite *Gama Aiki* en haoussa, c'est-à-dire : « Terminer le travail. » Trois ans après, au moment où étaient écrites ces lignes, la coalition antiterroriste n'était toujours pas venue à bout d'une insurrection dont la résilience n'était plus à démontrer.

Les déclarations hâtives et trop souvent irresponsables des dirigeants africains, en l'occurrence, ont aussi concerné les attentats des groupes djihadistes, et pas seulement le bilan des attaques menées contre les rebelles. Lors de l'assaut des Chebab somaliens contre le centre commercial de Westgate à Nairobi en 2013, les autorités kenyanes ont ainsi prétendu qu'il y avait une douzaine d'assaillants, que trois d'entre eux étaient américains, qu'ils avaient pris des otages et qu'ils résistèrent pendant trois jours au siège des forces de sécurité. En réalité, rien de tout cela n'était vrai. Il n'y avait que quatre terroristes et ceux-ci furent tués au bout de quelques heures. Les deux jours suivants ont plutôt été mis à profit par les forces de sécurité kenyanes pour organiser le pillage en règle des boutiques de Westgate. Comme de bien entendu, personne ne fut sanctionné et il n'y eut aucune commission d'enquête. Le ministre de l'Intérieur garda son poste et le chef d'état-major fut félicité pour l'action héroïque de ses hommes, avant de partir tranquillement à la retraite à la fin de sa carrière, deux ans plus tard[1]. Depuis lors, les mensonges officiels des autorités kenyanes n'ont jamais cessé, à tel point que certains journalistes britanniques ont trouvé que, finalement, la communication des Chebab était plus honnête[2] !

1. McConnell, Tristan [20 sept. 2015], « "Close Your Eyes and Pretend to Be Dead" : What really happened two years ago in the bloody attack on Nairobi's Westgate Mall », Foreign Policy.

2. Williams, Paul [2018], *Fighting for Peace in Somalia: A History and Analysis of the African Union Mission (AMISOM), 2007-2017*, Oxford, Oxford University Press, p. 298.

Des mérites de la coopération militaire : quelques illusions et beaucoup de déceptions

Dans un tel contexte, il est assez étonnant d'entendre des officiers français ou américains continuer de prétendre que la solution serait de renforcer les coopérations militaires. Les armées africaines seraient faibles et corrompues ? Elles auraient perdu « la bataille des cœurs et des esprits » contre les djihadistes ? Elles alimenteraient les conflits en tuant des civils ? Qu'à cela ne tienne, nous disent-ils en substance. Il faut renforcer leurs capacités, leur donner plus d'argent, les former convenablement et mieux les équiper. Le discours est connu : les Africains sont incapables de se prendre en main. Forts de leur supériorité technologique, les Occidentaux vont donc leur apprendre à se battre, quand bien même la solution serait d'abord politique en vue de mettre un terme à l'impunité dont jouissent les troupes qui commettent des atrocités sur le terrain.

En réalité, le bilan des coopérations militaires au Sahel a été extrêmement décevant. La France forme les armées de la région depuis soixante ans, mais pour quel résultat ? Les États-Unis n'ont guère fait mieux. Craignant un repli des hommes d'Oussama Ben Laden sur la Corne de l'Afrique et le Sahel après la chute du régime des talibans d'Afghanistan en 2001, Washington a renforcé ses coopérations militaires dans le cadre d'un dispositif appelé Trans-Sahara Counter-Terrorism Initiative. Mais ces efforts n'ont nullement enrayé l'effondrement de l'armée malienne en 2012. Au contraire, les Américains ont trouvé le moyen de former à la lutte antiterroriste le capitaine Amadou Haya Sanogo, auteur du putsch qui allait permettre aux djihadistes de s'emparer du pouvoir dans le nord du Mali, suite au retrait des troupes de Bamako !

Menées par les Éthiopiens avec l'appui des États-Unis, les tentatives de création d'une armée nationale dans le sud de la Somalie ont été tout aussi catastrophiques… et symptomatiques[1]. Sur 17 000 hommes formés en 2007, 14 000 avaient déserté dès l'année suivante, pour beaucoup en passant dans le camp des Chebab. Début 2009, les troupes de l'Union africaine et les Occidentaux allaient de nouveau essayer de constituer une armée de 4 000 soldats. Mais il n'en restait déjà plus qu'à peine 3 000 à la fin de l'année, dont seulement 800 dûment enregistrés et dotés d'uniformes. À leur manière, les tribulations somaliennes ont ainsi rappelé la configuration malienne de la fin des années 1990 quand, avec l'appui des Européens, des rebelles touaregs furent intégrés à l'armée avant de déserter et de rejoindre leur clan ou les djihadistes dès que l'occasion s'en présenta

---

1. Williams, Paul [2018], *Fighting for Peace in Somalia: A History and Analysis of the African Union Mission (AMISOM), 2007-2017*, Oxford, Oxford University Press, pp. 71, 87-8.

au moment de la crise de 2012. À Mogadiscio, on a fini par estimer que sur 6 000 à 7 000 soldats qui venaient toucher un salaire, à peine 2 000 étaient opérationnels. En pratique, on ne savait pas vraiment combien ils étaient et il était très difficile de les distinguer des Chebab, notamment quand ils ne portaient pas d'uniformes. Les troupes de l'Union africaine devaient d'ailleurs s'en plaindre en soulignant le risque qu'elles prenaient de tirer sur des alliés confondus avec les insurgés.

La situation au Sahel aurait-elle été pire sans les coopérations militaires des pays développés ? Difficile à dire : au mieux, celles-ci ont parfois donné aux Occidentaux la possibilité d'exercer un droit de regard pour modérer la brutalité des armées locales. Au pire, elles ont servi à consolider le pouvoir répressif de régimes autoritaires. C'est particulièrement flagrant au Tchad, grande démocratie africaine dont le leader, Idriss Deby, est au pouvoir depuis 1990. Choyé par le ministre Jean-Yves Le Drian, qui le présente régulièrement comme le pilier le plus solide de la guerre au terrorisme dans la région, celui-ci a réussi à maintenir son emprise grâce au soutien indéfectible des militaires français et de l'Élysée. En fait d'efficacité, le régime n'a dû sa survie qu'à l'intervention du président Nicolas Sarkozy, qui a envoyé l'armée de l'air retourner la situation en sa faveur alors que des rebelles étaient aux portes du palais présidentiel à Ndjamena en février 2008. Encore récemment en février 2018, l'opération Barkhane était dévoyée de son mandat antiterroriste et partait bombarder une colonne de combattants de l'Union des Forces de la Résistance qui, partie de Libye, avait l'intention de renverser le pouvoir d'Idriss Deby.

L'appui a aussi été politique, jusque dans l'Hexagone. En janvier 2017, un arrêté des ministres de l'Économie et de l'Intérieur gelait ainsi les comptes bancaires de deux opposants tchadiens exilés en France, au prétexte qu'ils auraient été susceptibles de financer des actes de terrorisme. Le djihadisme avait décidément bon dos. En réalité, les personnes visées n'appartenaient pas à des groupes figurant sur les listes des organisations terroristes établies par l'Union européenne ou le Conseil de sécurité des Nations unies. Ancien militant du Parti socialiste, le premier, Mahamat Mahadi Ali, dirigeait un groupe rebelle, le Front pour l'alternance et la concorde, qui n'avait pas de revendications religieuses et dont les hommes combattaient depuis des campements dans le sud de la Libye[1]. Le second, Mahamat Nouri, était quant à lui un ancien ministre d'Hissène Habré et d'Idriss Déby qui, en 2006, avait pris la tête d'une rébellion armée, l'Union des forces pour la démocratie et le développement, et qui avait failli faire tomber le régime d'Idriss Deby en 2008, avant d'aller se réfugier en France en 2010. En juin 2019, il devait finalement être arrêté par la police française, accusé

---

1. https://www.liberation.fr/planete/2017/01/27/la-france-gele-discretement-les-comptes-de-trois-opposants-africains_1544422

fort opportunément de crimes contre l'humanité au Tchad et au Soudan.

La réputation dégradée de la France au Sahel

Au nom de la lutte contre le terrorisme et des impératifs de stabilisation de la région, la République française s'est beaucoup compromise avec des régimes corrompus et autoritaires. Comment alors s'étonner que les Sahéliens la perçoivent comme une puissance néocoloniale responsable de tous leurs malheurs ? Au Mali, notamment, les rumeurs vont bon train. Il est loin le temps où, en 2013, les habitants de Tombouctou en liesse acclamaient le président François Hollande avec des drapeaux bleu blanc rouge. Depuis lors, les graffitis antifrançais se sont multipliés, ainsi que les manifestations devant l'ambassade de France à Bamako.

Le processus est bien connu. Une armée de libération peut très vite se transformer en force d'occupation. Si les soldats de Barkhane jouissent encore d'une certaine légitimité dans le nord du Mali, ce n'est plus le cas dans le Sud, où ils n'interviennent pas. À Bamako, en particulier, le déploiement des militaires de Serval a rapidement été soupçonné de cacher une entreprise de reconquête néocoloniale en vue de mettre la main sur des richesses pétrolières

connues des seuls Blancs. Il faut dire que ladite opération portait ironiquement le nom d'un animal uri-
nant jusqu'à trente fois par heure pour marquer son
territoire ! Au-delà de l'anecdote, la méfiance était
bien réelle. Elle a été d'autant plus prononcée que
le mandat et les cibles de l'armée française ne cor-
respondaient pas aux besoins de sécurité tels qu'ils
étaient exprimés localement à propos du banditisme
de grand chemin ou du racket des forces de l'ordre[1].

En effet, l'ancienne puissance coloniale est intervenue pour, officiellement, lutter contre le terrorisme
et, officieusement, aider à la surveillance de frontières
poreuses afin de réguler les flux migratoires susceptibles d'atteindre les rivages de la Méditerranée et
de l'Europe. Mais les trafiquants, les passeurs et les
groupes qualifiés de djihadistes ne constituent pas la
principale menace pour les populations locales, loin
de là. À Bamako, on s'inquiète davantage des séparatistes touaregs. En milieu rural, on se préoccupe
d'abord de la scolarisation des enfants, de l'accès à
la santé, des vols de bétail et des aléas du climat susceptibles d'allonger la période de soudure entre les
saisons sèche et humide.

Les Maliens, à dire vrai, ne sont pas les seuls à
douter de la sincérité des Français. D'une manière
générale au Sahel, les interventions militaires de

---

1. Voir les sondages cités in Pérouse de Montclos, Marc-Antoine,
« La politique de la France au Sahel : une vision militaire », *Hérodote*,
n° 172, mars 2019, pp. 137-52.

l'Élysée sont perçues avec ambivalence. C'est particulièrement le cas en Libye, où Paris soutient le maréchal Khalifa Haftar tout en prétendant vouloir promouvoir la paix. L'Algérie n'envisage pas non plus d'un bon œil la perspective d'une armée française s'enracinant sur son flanc sud. Elle perçoit plutôt la force du G5 Sahel comme une création de l'Élysée afin de court-circuiter les autres initiatives de la région : celles de l'Union africaine ou de la Communauté économique des États de l'Afrique de l'Ouest, ceci sans parler du Comité d'état-major conjoint que l'Algérie avait établi avec le Mali, la Mauritanie et le Niger en 2010. D'autres voient aussi dans la force du G5 Sahel un moyen pour Paris de relancer ses ventes d'armes sous prétexte d'assurer l'interopérabilité entre des organisations militaires de différentes factures.

Bien entendu, de telles suspicions compliquent singulièrement les efforts de coordination de la lutte antiterroriste. Qu'elles soient fondées ou non, les mauvaises intentions prêtées à l'ancienne puissance coloniale sont susceptibles de compromettre les alliances nouées contre un ennemi commun. Elles ont également un impact direct sur la capacité à gagner la bataille des cœurs et des esprits quand les djihadistes se présentent comme des résistants face à l'occupant étranger. Le problème est aussi que les alliés de la lutte antiterroriste ne partagent pas les mêmes préoccupations politiques sur le plan de leur réputation. Du point de vue de l'Élysée, l'image de l'ancienne puissance coloniale auprès des populations sahéliennes compte beaucoup moins que la sensibilité de l'électorat français quant à l'enlisement d'une intervention militaire « exotique » et sans issue.

LES EFFETS INDÉSIRABLES

CHAPITRE X

Des conséquences
d'un ensablement durable

Tchad, camp de réfugiés
de Dar es Salam, début 2019

Aujourd'hui, « la plus grande menace pour les populations, c'est l'armée, car c'est elle qui nous tue ». Le propos en dit long sur la situation. Interviewé par un enquêteur de la Fédération internationale des Droits de l'Homme, ce réfugié vient en l'occurrence de Baga Kawa, un petit port de pêche qui, situé du côté nigérian du lac Tchad, a été attaqué par Boko Haram le 26 décembre 2018[1]. À l'époque, les insurgés ont plutôt cherché à retenir la population, qui a fui les combats en s'inquiétant surtout des représailles à venir quand l'armée chercherait à réoccuper le terrain. En effet, les habitants risquaient alors d'être accusés d'avoir été épargnés par Boko Haram du fait de leurs prétendues

---

1. Je remercie Rémi Carayol de m'avoir fourni son rapport de mission, qui n'a pas été publié.

complicités avec les djihadistes. De plus, la prédation des forces de sécurité nigérianes était si courante qu'elle avait fini par obliger les pêcheurs du lac Tchad à quitter la région.

Niger, Niamey, mi-2014

Je suis dans le bureau climatisé et bien protégé du représentant du HCR (Haut Commissariat des Nations unies pour les réfugiés) et nous parlons de la situation des populations qui ont dû fuir le conflit de Boko Haram dans la région de Diffa à la frontière du Nigeria. Il me donne une plaquette destinée à sensibiliser et alerter la communauté internationale sur le développement de la crise humanitaire entre les deux pays. Chaque page est illustrée d'une photo et d'un récit de vie. C'est assez étonnant. La moitié des réfugiés disent avoir fui les exactions de Boko Haram ; l'autre moitié, celles des forces de sécurité nigérianes.

Je ne suis pas sûr que le service de communication du HCR soit vraiment conscient de la charge politique que recèle sa plaquette. Mais son bilan correspond bien à l'impression que j'avais retirée de ma précédente visite à Diffa quand, au gré des rencontres, j'avais interviewé des réfugiés qui avaient fui le Nigeria à cause de l'armée autant que de Boko Haram. D'une manière générale, le cas est assez typique des dilemmes auxquels sont confrontés les civils dans les guerres dites « asymétriques » entre des troupes régulières et des groupes insurrectionnels.

Des conséquences d'un ensablement durable

À Mogadiscio, des habitants se plaignent ainsi d'être pris entre deux feux. « Tout le monde cherche à nous tuer[1] », disent-ils en substance. À la fin, ils ne voient plus vraiment de différences entre les Chebab et les troupes de l'Union africaine, tous prétendant vouloir les protéger. Quant aux populations des régions de Mopti et du nord au Mali, elles doivent aussi louvoyer pour essayer de survivre dans une situation qui semble inextricable. Entre le marteau et l'enclume, elles sont en permanence suspectées par les uns et les autres de collaborer avec l'ennemi, qui djihadiste, qui militaire et français.

Au Mali, une présence française qui a dispersé puis rassemblé les djihadistes

De fait, le bilan de l'opération Barkhane n'est pas bon pour les civils et d'aucuns pensent qu'il confine à l'échec sur le plan militaire. En 2013, l'intervention française dans le nord du Mali a d'abord donné un coup de pied dans la fourmilière djihadiste. Initialement concentrés sur Tombouctou et Gao, les insurgés se sont dispersés dans les dunes du Sahara et sont devenus plus difficiles à localiser. Dans un second temps, cependant, la poursuite des opérations militaires de la France a rassemblé contre un

---

1. Williams, Paul [2018], *Fighting for Peace in Somalia: A History and Analysis of the African Union Mission (AMISOM), 2007-2017*, Oxford, Oxford University Press, p. 267.

ennemi commun des groupes autrefois rivaux. Unis dans l'adversité, ceux-ci se sont réconciliés et ont commencé à signer des communiqués ensemble. En mars 2017, un pas était franchi avec la création du Groupe pour la victoire de l'islam et des musulmans (*Jamaat Nusrah al-Islam wal-Muslimin*), qui a réuni AQMI, Ansar Dine, Al-Mourabitoune et la *katiba* d'Amadou Kouffa dans la région centrale du Mali, le Macina. Placée sous la direction d'Iyad Ag Ghali, un ancien rebelle touareg et fondateur d'Ansar Dine, cette plateforme a clairement vocation à dépasser les clivages communautaires et son directoire comprend aussi des leaders arabe et peul avec, respectivement, l'émir d'AQMI au Sahara, Djamel Okacha, et le prédicateur à l'origine du Front de libération du Macina, Amadou Koufa[1].

Aujourd'hui, on assiste ainsi à trois mouvements concomitants d'émiettement, d'expansion géographique et de rassemblement de la nébuleuse djihadiste au Sahel. Le nord du Mali n'est désormais plus le seul à retenir l'attention, quoi qu'il en soit de ses prolongements vers l'Algérie et la Libye. Deux zones plus au sud inquiètent particulièrement les militaires français. Il y a d'abord la région de Mopti qui, dans le centre du Mali, a vu l'ancien Front de libération du Macina devenir une *katiba* (« brigade ») à part entière au sein du Groupe pour la victoire de l'islam

---

1. Djamel Okacha aurait été tué par les militaires de l'opération Barkhane en février 2019.

et des musulmans. Chevauchant le Mali, le Niger et le Burkina Faso, la région du Liptako-Gourma, dite des « trois frontières », retient également l'attention. On y trouve notamment le groupe Ansarul Islam qu'a lancé le prédicateur salafiste Ibrahim Dicko en décembre 2016 dans la province de Soum au nord du Burkina Faso et en lisière du Mali[1]. Dans le Gourma du côté malien sévit également une *katiba* dont le chef, Almansour Ag Alkassam, un Touareg de Tombouctou, aurait été tué par l'armée française en novembre 2018. Un troisième acteur, l'EIGS (État islamique dans le Grand Sahara), a par ailleurs prêté allégeance à Daech.

Autre effet pervers, l'intervention de l'armée française a relancé les trafics de drogue dans le nord du Mali. Initialement, les djihadistes avaient plutôt tendance à prohiber l'usage de stupéfiants et vivaient surtout d'enlèvements ou de diverses taxations. Mais la pression militaire les a obligés à se tourner vers d'autres sources de financement, y compris les trafics de drogue. Ce processus de criminalisation n'est d'ailleurs pas spécifique au Mali. Au Nigeria après l'exécution extrajudiciaire de Mohamed Yusuf en 2009, par exemple, Boko Haram a perdu les financements que la secte obtenait sous la forme de dons, d'aumônes à la mosquée ou de participations à des

---

1. Déclaré mort à la suite d'une opération des militaires de Barkhane dans la forêt de Foulsaré, en avril 2017, Ibrahim Dicko aurait depuis lors été remplacé par son frère cadet, Jafar.

investissements dans des activités du secteur informel, notamment les motos-taxis. Les insurgés ont alors commencé à se lancer dans le trafic de voitures volées vers le Tchad et le Cameroun, tout en multipliant les hold-up au prétexte que les banques pratiquaient l'usure, interdite par la charia. Depuis lors, le racket, le pillage et la levée d'impôts de guerre sont devenus les principales sources de revenus de Boko Haram.

Au Mali, l'actuel chef du Groupe pour la victoire de l'islam et des musulmans, Iyad Ag Ghaly, n'était pas non plus réputé s'être impliqué directement dans le commerce de stupéfiants avant l'intervention militaire de la France en 2013. Certes, l'émir d'AQMI, Mokhtar Belmokhtar, était régulièrement présenté par les services algériens comme un vulgaire trafiquant de cigarettes et de drogues dures, ironiquement surnommé « Monsieur Marlboro ». Mais un portrait aussi peu flatteur visait d'abord à salir sa réputation et il n'existe pas de témoignages indépendants et fiables pour vérifier les assertions à ce propos. Après 2013, en revanche, c'est la communauté internationale qui a observé un rapprochement entre les djihadistes et les narcotrafiquants pour compenser les pertes de revenus autrefois tirés du prélèvement de la dîme islamique, la *zakat*, ou du paiement des rançons destinées à obtenir la libération d'otages. Les groupes combattants ont aussi prélevé leurs commissions afin de priver leurs rivaux des dividendes du commerce de drogues. L'armée française, elle, a souvent préféré fermer les yeux sur les activités illicites de ses propres alliés sur le terrain[1].

La poursuite des opérations : des intérêts bien compris

Outre ses effets pervers sur le renouvellement et la criminalisation des groupes djihadistes, l'intervention militaire de la France a également précipité une reconfiguration mortifère des forces antiterroristes. À tous les niveaux, les belligérants ont ainsi voulu profiter du débarquement de troupes étrangères pour régler leurs comptes et mettre la main sur l'aide internationale. Cela a commencé dès 2013 quand les autorités au pouvoir à Bamako ont cherché à s'appuyer sur les militaires de l'opération Serval pour remonter au nord « liquider » définitivement le problème des Touaregs. L'ambiance était à la revanche. Échaudée par le syndrome de l'opération Turquoise au Rwanda, l'armée française a donc dû interdire l'entrée de Kidal, fief des indépendantistes touaregs, à une soldatesque malienne toujours prompte à massacrer des civils, ce qui a évidemment suscité des tensions avec le gouvernement du président Ibrahim Boubacar Keïta. À une échelle très locale, les militaires des opérations

---

1. ICG [2018], *Narcotrafic, violence et politique au Nord du Mali*, Brussels, International Crisis Group, pp. 14, 15 & 24.

Serval puis Barkhane n'ont cependant pas évité les petites vengeances individuelles. Comme au Nigeria ou au Cameroun avec les milices montées pour combattre Boko Haram, on a dénoncé son voisin pour se débarrasser d'un concurrent économique ou d'un rival en amour[1]. Les collaborateurs des Français y ont gagné en pouvoir tandis que de nombreuses personnes suspectées de complicité avec les insurgés disparaissaient entre les mains des autorités maliennes.

D'une manière générale au Sahel, la lutte contre le djihadisme est devenue une véritable rente politique, diplomatique et financière depuis la fin de la guerre froide et l'effacement du « péril rouge ». Pour les dirigeants africains, elle a en effet permis d'obtenir des soutiens extérieurs. À l'international, le spectre d'une menace d'ampleur mondiale a notamment contribué à réhabiliter des régimes fossilisés, corrompus et autoritaires comme ceux des présidents Idriss Deby au Tchad et Paul Biya au Cameroun, au pouvoir depuis, respectivement, 1990 et 1982. En interne, l'épouvantail du terrorisme a aussi servi à justifier la répression des oppositions locales et à faire vibrer la corde nationaliste pour occulter les défauts d'une mauvaise gouvernance sur le mode : « C'est pas moi, c'est la faute à al-Qaïda ou Daech. »

---

1. Chebli, Denia [27 juin 2017], « L'échec de l'intervention française au Mali », *Libération*.
Accès : https://www.liberation.fr/auteur/17778-denia-chebli

Des conséquences d'un ensablement durable

La classe dirigeante n'est cependant pas seule en cause. Parmi les parties au conflit, beaucoup ont également intérêt à ce que la guerre contre le terrorisme continue. Au Mali, par exemple, certains groupes ont cherché à profiter de l'intervention de la France pour former leurs propres milices, réclamer un soutien militaire et prétendre bénéficier des procédures dites de DDR (Démobilisation, Désarmement et Réinsertion) dans le jargon des Nations unies[1]. Les opportunités économiques qu'offrait l'engagement de la communauté internationale ont provoqué une véritable inflation du nombre d'anciens combattants qui ont voulu toucher leur part du pactole. En mars 2019, les Nations unies en recensaient 63 000 au lieu des 15 000 attendus quatre mois auparavant ! Le processus de DDR a d'ailleurs fini par dérailler à force de se disputer et de contester les listes de bénéficiaires : il avait à peine démarré quatre ans après la signature des accords de paix d'Alger en juin 2015.

Dans le même ordre d'idées, on a assisté à une floraison d'initiatives visant à organiser des rencontres intercommunautaires… et à toucher le *per diem* versé par les ONG ou les agences publiques chargées de promouvoir la paix et le développement avec l'assistance financière de la communauté internationale. Théoriquement, l'objectif était de

---

1. Geel, Florent, Antonin Rabecq, Drissa Traoré & Rémi Carayol [2018], *Dans le centre du Mali, les populations prises au piège du terrorisme et du contreterrorisme : Rapport d'enquête*, Paris, FIDH, pp. 50-2.

favoriser les rapprochements entre groupes rivaux, à l'instar des expériences déjà menées dans le nord du Mali au cours des années 1990. Mais en pratique, les discussions, interminables, n'ont résolu aucun des problèmes de fond concernant le mode de gouvernance des collectivités territoriales. De plus, aucune instance étatique n'a été dotée d'un mandat spécifique en vue de poursuivre en justice les responsables d'exactions, y compris dans les rangs des forces de sécurité. À la différence de l'Afrique du Sud au sortir de l'apartheid ou du Rwanda après le génocide en 1994, la Commission Vérité, Justice et Réconciliation du Mali a ainsi commencé en 2016 à recueillir des témoignages sans obliger les auteurs de violences à demander publiquement pardon à leurs victimes, se privant de tout effet de catharsis.

Stigmatisation ethnique et fragmentation milicienne

Au contraire, les dynamiques de la lutte contre le terrorisme ont ravivé les tensions communautaires sous une forme milicienne. Dans le centre du Mali, en particulier, l'armée a cherché à s'appuyer sur les groupements de chasseurs appelés Dozos. Débordée après un assaut djihadiste au cours duquel elle avait perdu une dizaine d'hommes dans le camp de Nampala en janvier 2015, elle a de plus en plus recouru à ces supplétifs réputés pour leurs talents de pisteurs et leur connaissance intime du monde de la brousse. Résultat, les insurgés se sont vengés en allant tuer le chef des Dozos en octobre 2016, un assassinat vraisemblablement commandité par les hommes d'Amadou Koufa. En retour, les groupes de chasseurs se sont constitués en milices et ont commencé à traquer les éleveurs peuls, tous considérés comme des terroristes en puissance. Les tensions ont finalement débouché sur des massacres intercommunautaires de grande ampleur, compliquant encore davantage la lutte contre le djihadisme.

Le Burkina Faso n'a pas échappé au problème. Appelés Koglweogo (« les gardiens de la brousse »), des groupes d'auto-défense se sont saisis du prétexte de la lutte antiterroriste pour régler des comptes entre cultivateurs mossi et éleveurs peuls. En janvier 2019 à Yirgou, notamment, ils ont massacré entre 49 et 210 personnes si l'on en croit les différentes versions du gouvernement ou des familles des victimes. Leur crime fut laissé impuni car les autorités avaient l'intention de les utiliser contre les djihadistes et craignaient de se les mettre à dos. À l'inverse, les représailles exercées par les Peuls ont été qualifiées d'actes « terroristes » et leurs auteurs ont été arrêtés ou tués sans procès, contribuant à accentuer le sentiment d'une justice à deux vitesses.

Le Mali et le Burkina Faso ne sont malheureusement pas des exceptions. Trop souvent habituées à tirer dans le tas, d'autres armées africaines engagées dans la lutte contre le terrorisme ont procédé par amalgames et contribué à exacerber les stigmatisations de type ethnique. Au Nigeria, on a ciblé les Kanouri du Borno ; au Niger et au Tchad, les Boudouma ; au Kenya, les Somali des régions du Nord-Est. Les transhumants peuls, qui continuent de convoyer leurs troupeaux à travers les frontières poreuses du Sahel, ont particulièrement retenu l'attention et ont été assimilés à une sorte de cinquième colonne djihadiste. Dans le Macina malien, ils ont en effet joué un rôle déterminant dans l'émergence de la *katiba* d'Amadou Koufa. Mais il convient de ne pas généraliser indûment. Les autres groupes djihadistes de la zone étaient davantage composés de Touaregs dans le nord du Mali ou de membres des clans Rahanwein dans le sud de la Somalie. Pour trouver refuge dans les îles du lac Tchad, par exemple, les combattants de Boko Haram, qui étaient majoritairement kanouri, ont plutôt dû faire alliance avec les pêcheurs boudouma au détriment des éleveurs peuls qui les avaient un moment soutenus[1]. Du Sénégal jusqu'à la Centrafrique, il n'y a en définitive pas de prédisposition particulière des Peuls en faveur du djihadisme. La Guinée Conakry est ainsi le pays d'Afrique qui, toutes proportions gardées, compte le plus grand nombre de Peuls tout en restant à l'écart

---

1. Seignobos, Christian [2018], « Chronique d'un siège (2). Boko Haram dans ses sanctuaires des monts Mandara et du lac Tchad (2017) », *Afrique contemporaine*, n° 265, p. 99-115.

des phénomènes terroristes qui déchirent aujourd'hui le Sahel.

La stigmatisation des groupes pastoraux plutôt que sédentaires a en fait répondu à de multiples facteurs. Historiquement, d'abord, les Peuls avaient été les initiateurs et les leaders des grands djihads sahéliens du XIXe siècle. La mémoire de leur conquête territoriale était encore bien présente dans les esprits des descendants de leurs victimes, à l'instar des anciens esclaves vis-à-vis des razzias touarègues au Mali. En pratique, la stigmatisation des groupes pastoraux a aussi servi d'obscurs intérêts de basse politique intérieure. Au Nigeria au moment des élections générales de 2019, elle a par exemple permis de conspuer l'inaction du président sortant Muhammadu Buhari, qui était lui-même peul et qui s'est avéré incapable de résoudre les conflits de bétail. En Guinée, le président Alpha Condé a quant à lui manipulé l'idée d'une menace terroriste d'origine étrangère pour museler ses opposants peuls et justifier ses prétentions à assurer la sécurité du pays en se présentant pour un troisième mandat en 2020, quitte à réviser la constitution.

Paradoxalement, la question locale du « facteur tribal » est ainsi remontée à la surface alors qu'elle était relativement absente du récit des décideurs occidentaux sur l'ampleur globale du djihadisme et l'importance de l'endoctrinement salafiste. Au Sahel et jusque dans l'Afrique tropicale, elle s'est aussi nourrie du discours ambiant sur une guerre de civilisations et de religions entre des éleveurs musulmans et des cultivateurs chrétiens. Encore une fois, le grand maelström sécuritaire de la lutte contre le terrorisme a fini par effacer la complexité des tensions locales, ici agropastorales. Dans la ceinture centrale du Nigeria, on a donc oublié que l'essentiel des troupeaux était en fait entre les mains des agriculteurs et non des groupes pastoraux[1]. De même dans le centre du Mali, on n'a pas voulu voir que 70 % des conflits mettaient aux prises des fermiers entre eux si l'on en croit l'analyse des litiges fonciers portés devant la cour d'appel de Sévaré entre 1992 et 2009[2]. Bien moins fréquentes, à hauteur de 12 %, les tensions entre pasteurs et cultivateurs opposaient quant à elles des populations essentiellement musulmanes.

Aujourd'hui, l'évolution de la situation donne finalement le sentiment que la menace djihadiste s'est criminalisée et diluée dans une multitude de conflits que l'armée française est bien incapable de gérer, à moins de transformer ses soldats en cow-boys chargés d'encadrer la transhumance des troupeaux à travers le Sahel. L'émergence de milices montées sur une base ethnique, villageoise, confessionnelle ou corporatiste est particulièrement inquiétante à cet égard. En effet, ces prétendus auxiliaires de sécurité

---

1. Pérouse de Montclos, Marc-Antoine [2019], « Nigeria : les méfaits de la *democrazy* », *Politique étrangère*, n° 2, 2019, pp. 25-36.
2. Benjaminsen, Tor & Boubacar Ba (2009), « Farmer-herder Conflicts, Pastoral Marginalisation and Corruption: a Case Study From the Inland Niger Delta of Mali », *The Geographical Journal*, vol. 175, n° 1, pp. 71-81.

ont profité du chaos pour régler des comptes et ils ont commis de nombreux abus, tant au Mali qu'autour du lac Tchad. De plus, leur collaboration avec les forces des coalitions antiterroristes a pu entraîner des représailles contre les civils. Au Mali, c'est par exemple le cas des Daoussahak de Ménaka, dont le Mouvement pour le Salut de l'Azawad (MSA) de Moussa Ag Acharatoumane mène dans la région une guerre par procuration pour le compte de l'armée française. Enfin, les effectifs de toutes ces milices sont généralement bien supérieurs à ceux des groupes qualifiés de djihadistes. Leur démobilisation va donc poser d'immenses problèmes à des États qui n'ont pas les moyens de les intégrer dans des armées déjà défaillantes.

Une triple impasse

Dans un tel contexte, la poursuite de l'effort militaire de la France au Sahel ne se présente pas sous de bons augures. Pour minimiser les coûts politiques et économiques de son engagement, l'Élysée semble à présent privilégier une sorte de guerre par procuration contre le terrorisme, soit par le biais de supplétifs locaux, soit en recourant davantage à des drones armés. Le problème est qu'aucune de ces solutions n'est convaincante. La première, on l'a vu, tend à exacerber les phénomènes de tensions communautaires et de fragmentation milicienne qui compliquent la résolution des conflits. Quant à la seconde, elle repose pour beaucoup sur les illusions que procure une supériorité technologique face à des combattants dépenaillés.

Dans un article d'abord publié puis censuré par la revue *Défense nationale* en février 2019, un officier français de retour du front irakien critiquait ainsi la façon dont les guerres par procuration milicienne ou par drones interposés pouvaient durer indéfiniment et prolonger les hostilités sans rien régler du tout. Destinés à éviter d'engager des troupes au sol, les bombardements aériens, notamment, revenaient souvent à provoquer d'importants dégâts collatéraux parmi les civils, quitte à entretenir les conflits en exacerbant leur ressentiment contre des troupes étrangères. À partir de l'exemple de l'Irak, ledit officier citait notamment les propos d'un stratège, le général Vincent Desportes, qui avait lui-même été sanctionné par sa hiérarchie en 2010 parce qu'il avait émis des doutes sur les mérites des opérations en Afghanistan, qualifiées de « guerre américaine ». De fait, son verdict était sévère. « La guerre à distance, écrivait le général Vincent Desportes, est un leurre : elle produit un effet militaire mais pas d'effet politique… Elle détruit sans maîtriser la reconstruction et crée le chaos. Il y a une vraie illusion de l'efficience aérienne[1]. »

---

1. Desportes, Vincent [oct. 2018], « Leçons d'aujourd'hui pour les guerres de demain », *Le Casoar* (revue trimestrielle de la Saint-Cyrienne), n° 231, p. 19.

Des conséquences d'un ensablement durable

Pareil constat, en l'occurrence, s'applique bien à la guerre que la France poursuit à présent dans l'immensité du Sahara. La différence avec l'Irak est que l'armée française a aussi une présence au sol au Mali. Mais celle-ci, on l'a vu, n'a rien résolu non plus des problèmes de fond à l'origine de la crise. Au contraire, le recours à la force militaire a occulté les causes politiques du djihadisme et retardé d'autant l'adoption d'un nouveau contrat social. La lutte contre le « terrorisme », expliquent des spécialistes du Macina, n'a pourtant aucune chance d'aboutir tant que n'auront pas été réglés les véritables problèmes de l'État malien, qui tiennent à son mode de gestion prédateur de l'accès à la terre et aux ressources naturelles[1].

L'impasse est triple. Menée au nom de la lutte contre le « terrorisme », qualificatif qui exclut toute perspective de négociation, l'intervention militaire de la France a gelé le conflit en laissant à Bamako le choix de refuser la paix et de s'arc-bouter sur des positions souverainistes que le Mali n'avait en fait pas les moyens de tenir sans le soutien de la communauté internationale. De plus, la dispersion des groupes djihadistes après 2013 a compliqué la situation sans rien régler. Les insurgés savent que l'armée française finira par partir et attendent simplement leur heure pour regagner le terrain perdu. L'expression employée à

---

1. Benjaminsen, Tor & Boubacar Ba [2019], « Why do pastoralists in Mali join jihadist groups? A political ecological explanation », *The Journal of Peasant Studies*, vol. 46, n° 1, pp. 1-20.

propos des négociations initiées par les Américains en Afghanistan s'applique parfaitement au Mali : « Les Occidentaux ont la montre ; les talibans ont le temps. »

Enfin, le prétexte sécuritaire a conduit l'Élysée à resserrer ses liens avec des régimes corrompus et autoritaires dont les mauvaises pratiques avaient justement légitimité la protestation islamiste et, parfois, le recours à la lutte armée. Les ingérences politiques de l'ancienne puissance coloniale ont fait le jeu de djihadistes xénophobes qui se sont présentés en défenseurs de la religion face à l'occupation étrangère. La France n'est certes pas seule en cause. Les États-Unis et l'Union européenne ont également contribué à maintenir les gouvernements en place sous perfusion financière, politique et militaire. Ce faisant, la communauté internationale n'a pas vraiment aidé les habitants de la région à inventer leur propre régime de gouvernance, d'autant plus que les experts en démocratie ont souvent prodigué des conseils plus ou moins contradictoires sur les réformes à entreprendre.

À présent, la situation au Sahel évoque ainsi l'image d'un serpent qui se mord la queue. En cherchant à éliminer ou, à tout le moins, endiguer la menace terroriste, l'armée française était censée créer les conditions propices à une résolution politique des conflits, en l'occurrence sous l'égide des Nations unies au Mali. Mais l'intervention de la communauté internationale a contribué à entretenir les violences en exonérant les gouvernements de la zone de leurs responsabilités dans la prolongation des hostilités et en confortant leur refus d'engager des négociations de paix avec les insurgés. Le cercle est vicieux. D'un côté, les autorités ont prétendu qu'il fallait d'abord en finir avec la « vermine » djihadiste pour construire la paix. De l'autre, la lutte contre le « terrorisme » a fermé les possibilités de dialogue avec les insurgés et retardé les réformes politiques nécessaires à la stabilisation des pays sahéliens, cela au profit d'une sorte d'« état militaire permanent[1] ».

En effet, la mise en place d'états d'urgence et de régimes d'exception a justifié le musellement des opposants et entretenu les formes d'autoritarisme qui avaient nourri les révoltes djihadistes. Au nom de la sécurité et de la raison d'État, par exemple, on a entravé la liberté d'expression et on ne s'est pas gêné pour couper l'accès aux réseaux sociaux, parfois dans une région bien précise au Nigeria en 2013, parfois à l'échelle de tout un pays et pour des périodes plus ou moins longues en Mauritanie en 2019 ou au Tchad pendant plus d'un an à partir de 2018. La multiplication des rafles et des arrestations arbitraires a également contribué à entretenir le ressentiment des civils

---

1. Charbonneau, Bruno [2017], « De Serval à Barkhane : les problèmes de la guerre contre le terrorisme au Sahel », *Les Temps modernes*, n° 693-694, p. 339. Voir aussi Charbonneau, Bruno [2017], « Intervention in Mali: building peace between peacekeeping and counterterrorism », *Journal of Contemporary African Studies*, vol. 35, n° 4, p. 427.

et des jeunes contre des pouvoirs oligopolistiques et trop souvent gérontocratiques.

Le rôle des prisons

La lutte contre le djihadisme a notamment légitimé et entériné le principe des détentions prolongées, à l'image d'une guerre sans fin. Au Sahel, aucun pays n'est allé jusqu'à imposer des lois martiales qui auraient complètement dessaisi les pouvoirs civils de leurs prérogatives. Mais en Mauritanie, des mesures antiterroristes votées dès 2005 et 2006 ont fait passer la durée des détentions préventives de trois à six ans. Au Nigeria en 2013 et au Cameroun en 2014, des lois ont par ailleurs autorisé l'armée à renouveler indéfiniment les détentions préventives sans avoir besoin d'en référer à la police et à la justice. Au Tchad, ce sont les gardes à vue au sein des commissariats de police qui sont passées de quarante-huit heures à quatre-vingt-dix jours en 2015, tandis qu'au Niger, un décret de 2016 étendait jusqu'à deux ans la période légale de détention préventive.

L'évolution des quatre pays engagés dans la coalition militaire qui combat Boko Haram autour du lac Tchad est significative à cet égard. L'imposition d'états d'urgence régionalisés au Nigeria en mai 2013, au Niger en février 2015, au Cameroun en juillet 2015 puis au Tchad en novembre 2015 a en effet conduit à de nombreux abus. Des civils, en général jeunes et de sexe masculin, ont ainsi été arrêtés sur dénonciation et sans preuves. Dans le meilleur des cas, leurs familles ont obtenu leur libération en payant des pots-de-vin ou, officiellement, des « cautions » qui tenaient lieu de « rançons » et qui effaçaient la distinction entre le racket des forces de sécurité et la prédation des preneurs d'otages djihadistes. Mais les prisonniers ont souvent succombé aux mauvais traitements, à la torture, au manque de nourriture, à la maladie ou à l'étouffement programmé dans des cellules surpeuplées où les détenus étaient parfois enchaînés.

Au Nigeria, pays le plus peuplé d'Afrique, les victimes des forces de sécurité se sont comptées par dizaines de milliers si l'on en croit les rapports d'Amnesty International et de la base de données NigeriaWatch[1]. Les chiffres sont certes moins effrayants au Tchad, dernier pays de la zone touché par les attaques de Boko Haram. Mais les suspects n'ont pas tous eu la chance des pêcheurs boudouma de Baga Sola qui, en 2017, ont été libérés par un préfet avisé après six mois d'interrogatoire dans le lycée de la localité. Beaucoup ont été envoyés dans la prison de haute sécurité de Koro-Toro, un bagne de sinistre réputation, surnommé le « Guantanamo tchadien » et situé en plein désert, dans le nord du pays. On estime que près de 600 suspects y ont été enfermés entre 2015 et 2019 et qu'une bonne dizaine y seraient morts.

---

1. http://www.nigeriawatch.org/index.php?html=7

Dans tous les cas, les mesures exceptionnelles des dispositifs antiterroristes ont en fait aggravé l'engorgement des systèmes carcéraux et judiciaires, tout en fragilisant leur capacité à appliquer le droit. En temps ordinaire, déjà, la plupart des détenus dans les prisons africaines sont des suspects qui n'ont jamais été jugés et qui n'ont jamais vu d'avocat. Mais la lutte contre le djihadisme a exacerbé la tendance. Très peu de procès pour terrorisme ont abouti. Au Niger, par exemple, les condamnations, fort rares, ont été prononcées pour association de malfaiteurs faute de pouvoir prouver la commission d'actes violents. Au Cameroun, on a dû libérer des détenus pour vice de procédure tandis qu'au Tchad début 2018, quelque 150 détenus de Koro-Toro bénéficiaient d'une ordonnance de non-lieu, après trois ans de prison.

La saturation des appareils judiciaires, en l'occurrence, n'explique pas tout. Les dysfonctionnements du système tiennent aussi au comportement des forces de sécurité. Les rafles menées par les militaires dans la population civile conduisent en effet à incarcérer indistinctement des innocents et des suspects sans se préoccuper de réunir des pièces à conviction. Au Nigeria et au Niger, par exemple, des soldats et des policiers véreux se sont empressés de revendre les téléphones portables confisqués au moment des arrestations et susceptibles de fournir des preuves de liens personnels avec les combattants de Boko Haram.

Les défaillances concernant la protection des civils ont aussi joué un rôle important. Plusieurs témoins à charge ont été assassinés par les insurgés parce qu'ils étaient susceptibles de révéler des informations sensibles sur certains détenus dans l'attente d'un procès. Informateurs et collaborateurs ont subi le même sort après avoir été interrogés à découvert par les militaires ou après avoir été libérés sans accompagnement d'aucune sorte. L'absence de protection des témoins, de procès des prévenus et de libération des innocents a évidemment découragé la population locale et dissuadé les civils de coopérer avec les autorités.

Ainsi, le système s'autoentretient. Au Niger dans la région de Diffa limitrophe du Nigeria, par exemple, on a préféré maintenir en prison les rares détenus qui avaient été jugés et qui étaient libérables, de crainte qu'ils n'aillent rejoindre les rangs des insurgés pour se venger des mauvais traitements subis ! Les programmes dits de « dé-radicalisation » ont aussi contribué au problème. Dans le centre de cantonnement de Goudoumaria, toujours au Niger, les membres de Boko Haram qui avaient accepté de se rendre aux autorités ont continué à végéter en milieu fermé car ils n'avaient pas de statut légal et ne rentraient pas dans le cadre des mesures de libération prévues par la loi antiterroriste de 2011 pour les « repentis » qui auraient contribué aux investigations en acceptant de dénoncer leurs camarades de combat.

On sait pourtant qu'en l'absence de procès, les détentions prolongées nourrissent le djihadisme. En effet, elles légitiment la révolte contre des pouvoirs déclarés impies. De plus, elles permettent de recruter des prisonniers politiques ou de droit commun. Au Nigeria, par exemple, Boko Haram a pris d'assaut plusieurs casernes pour libérer ses membres qui y étaient enfermés. Dans l'attente d'un hypothétique procès qui ne viendrait sans doute jamais, les autres détenus ont alors profité de l'occasion pour s'enfuir et, faute d'alternative, rejoindre le combat de la secte. Il est aussi arrivé que le processus de ralliement aux insurgés se produise à l'intérieur des prisons, quand les mauvais traitements ont « radicalisé » et poussé des détenus vers le djihad. En Mauritanie au début des années 2000, la détention d'opposants salafistes a ainsi produit des terroristes qui, une fois libérés, sont partis rejoindre les rangs d'AQMI[1].

Un des cas les plus connus du genre est certainement celui de l'Irak, où les prisons d'Abou Ghraib et de Camp Bucca ont été de véritables « écoles du djihad[2] ». Sous la haute protection de l'armée américaine, le rassemblement dans un même lieu des islamistes favorables à Oussama Ben Laden et des baasistes nostalgiques de Saddam Hussein a ainsi

---

1. Ould Ahmed Salem, Zekeria [2013], *Prêcher dans le désert : islam politique et changement social en Mauritanie*, Paris, Karthala, p. 151.
2. Amara, Sofia [2018], *Baghdadi, calife de la terreur*, Paris, Stock, 288 p.

permis aux opposants de conjuguer leurs forces et de planifier leur insurrection. En Syrie, la prison militaire de Sednaya, à 30 kilomètres au nord de Damas, a aussi servi d'incubateur à des djihadistes qui se sont empressés de rejoindre les rangs de l'État islamique en Irak. La différence est que ces derniers ont été libérés intentionnellement par le régime de Bachar el-Assad en 2011 afin de diviser et combattre une opposition armée de tendance laïque.

Bien qu'invisible derrière ses hautes murailles, la politique carcérale des États est en fait un pilier fondamental de la lutte contre les insurrections qualifiées de terroristes, au Sahel comme au Moyen-Orient. La Mauritanie et le Maroc le montrent à leur manière car ils ont été relativement préservés de la menace djihadiste à partir du moment où ils ont commencé à assouplir les conditions de détention de leurs opposants salafistes. Les liens de causalité ne sont certes pas évidents à prouver. Il n'en reste pas moins qu'au Maghreb, le Maroc a été le seul à échapper aux attaques de groupes djihadistes constitués, les attentats comme ceux de Casablanca en 2003 ayant été perpétrés par une poignée d'individus sans être jamais revendiqués par une organisation.

Précédemment cité comme un modèle d'auto-déradicalisation, l'imam « Abou Hafs » racontait lui-même comment il avait pu observer une nette amélioration de ses conditions de détention au cours de son séjour en prison dans les années 2000. Du temps du roi Hassan II, expliquait-il, « les services de sécurité arrêtaient n'importe qui et les juges rendaient arbitrairement des sentences qui allaient jusqu'à vingt ou trente ans de prison ». Les mauvais traitements n'étaient pas rares non plus. Mais plusieurs éléments ont conduit la monarchie chérifienne à réformer ses pratiques carcérales et judiciaires dans la foulée des printemps arabes de 2011 pour, tout à la fois, désamorcer les motifs de révolte sociale, affirmer sa volonté de respecter les droits de l'homme et ne pas ternir la réputation d'un pays scruté par la communauté internationale du fait de son occupation illégale du Sahara occidental.

En 2012, le gouvernement marocain s'est ainsi ouvert à des hommes issus des formations islamistes. Devenu ministre de la Justice, l'ancien avocat des détenus salafistes Mustafa Ramid a alors fait installer des caméras vidéo dans les postes de police et les prisons afin d'éviter les abus. « Les horaires des arrestations, les délais de garde à vue, le déroulement des procès, la propreté des cellules : les progrès ont été considérables dans tous les domaines », raconte l'imam « Abou Hafs ». L'administration pénitentiaire a notamment encouragé les détenus à suivre des études. « À Casablanca, par exemple, il y avait un bâtiment qu'on appelait le pavillon des étudiants. Il y avait plus d'espace. Sinon, comment faire ? Comment apprendre et réviser ses leçons avec dix personnes dans une seule cellule ? Comment se concentrer quand l'un veut voir la télé, l'autre veut éteindre la lumière ? Tout change quand on offre aux détenus la possibilité de passer dans une cellule à deux personnes. À la prison de Fès, les autorités avaient même ouvert une sorte de cybercafé. L'accès à Internet était gratuit, évidemment sous la surveillance des gardiens, comme pour l'usage des téléphones. »

Jusqu'alors, l'imam « Abou Hafs » n'avait pu lire que des livres religieux. En prison, il a pu s'ouvrir aux sciences humaines et commencer à étudier la sociologie, la philosophie ou la psychologie. Il a également suivi des cours et obtenu une licence en droit international. À présent, il occupe l'espace médiatique en incarnant les positions d'un islam libéral, tolérant et moderne. Aussi radicale qu'étonnante, sa transformation relève d'abord d'une trajectoire personnelle et il n'est pas évident qu'elle puisse être répliquée ailleurs. Au Sahel, l'amélioration des conditions de détention des suspects de djihadisme n'en reste pas moins une nécessité absolue, qui va d'ailleurs de pair avec les autres défis judiciaire, policier et militaire du grand chantier de la construction de l'État.

CONCLUSION

Une prophétie autoréalisatrice ?

France, Paris, début 2027

Le président Emmanuel Macron arrive bientôt au terme de son deuxième mandat et fête sans trop d'illusions le quatorzième anniversaire du lancement de l'opération Serval. La France a désormais battu au Mali le record de longévité de l'Armée rouge en Afghanistan. Sa présence militaire n'a rien résolu et est de plus en plus décriée comme une force d'occupation, provoquant à l'occasion des affrontements qui risquent à tout moment de dégénérer avec les populations locales. En France, certains avaient imaginé à tort que, soucieux de réaliser des économies budgétaires, le président Emmanuel Macron allait vite renvoyer les soldats à la maison. Mais il n'en a rien fait, pas plus qu'il n'a réussi à passer le relais à une force du G5 Sahel qui est toujours restée à l'état de gestation.

Une guerre perdue

Contrairement au général Charles de Gaulle en Algérie, Emmanuel Macron n'a finalement jamais eu le courage d'annoncer un retrait de l'armée. Il faut dire que son prédécesseur à l'Élysée, François Hollande, n'avait pas non plus précisé les conditions à partir desquelles les troupes des opérations Serval puis Barkhane pourraient rentrer au pays. En attendant, les autorités ont donc continué d'affirmer que la situation aurait été pire si la France n'était pas intervenue.

Point n'est besoin de politique-fiction, en l'occurrence. Le discours sur les mérites des interventions militaires de l'Occident avait déjà été entendu à propos de la nécessité de renverser les talibans en Afghanistan en 2001, la dictature de Saddam Hussein en Irak en 2003 ou le régime de Mouammar Kadhafi en Libye en 2011. En 2013, François Hollande et Jean-Yves Le Drian avaient ainsi brandi le spectre d'une prise de Bamako par les djihadistes en provenance du Nord. Mais à moins de réécrire l'histoire rétrospectivement, on ne sait pas très bien ce qu'il serait advenu du Mali si la France n'avait pas envoyé son armée sur place. Le récit grandiloquent et dramatique de l'Élysée à l'époque ne doit pas faire illusion à cet égard. En réalité, on ne peut pas dresser un bilan général des opérations Serval puis Barkhane en supposant que les djihadistes se seraient forcément emparés de Bamako si l'ancienne puissance coloniale ne leur avait pas barré la route de Mopti, à près de 700 kilomètres de là.

Bien sûr, certains trouveront contradictoire de reprocher à la France de s'être retirée trop rapidement de Libye en 2011 et d'être restée trop longtemps au Mali après 2013. Mais les différences entre les deux situations expliquent les impasses dans les deux cas. En Libye, la France a accompagné des rebelles et provoqué la chute du régime en place, laissant le pays dans un chaos bientôt indescriptible. Au Mali, elle a au contraire cherché à repousser des groupes insurrectionnels et à combler un vide politique en restaurant un semblant d'ordre constitutionnel à Bamako. D'emblée, l'Élysée s'est en quelque sorte assigné pour mission de reconstruire un État, mais sans prévenir les Français de l'ampleur de la tâche.

En réalité, l'échec politique et militaire de la France au Sahel était programmé d'avance. Le problème est que les décideurs politiques ne sont pas encore prêts à l'admettre. Ainsi, ils préfèrent s'enferrer dans les certitudes messianiques de missionnaires civilisateurs. Plutôt que de dénoncer les turpitudes de leurs alliés en la place, ils refusent notamment d'admettre les conséquences néfastes d'une guerre sale qui ternit l'honneur de la France et qui, à l'international, peut susciter des accusations graves de complicité passive, voire active, avec des troupes en train de massacrer la population. À sa manière, leur entêtement n'a d'égale que la bêtise crasse de certains militaires ou policiers africains qui persistent à tuer ou torturer des civils.

À terme, un des principaux risques serait de verser dans la prophétie autoréalisatrice. À force d'envoyer des soldats français combattre au Sahel, il se pourrait qu'un jour les djihadistes de la zone prennent effectivement une dimension mondiale et essaient de se venger en montant des attentats en Europe. Dans une sorte d'effet iatrogène, on verrait alors que le remède aurait été pire que le mal car, non content d'exacerber les tensions locales, il aurait fini par créer de toutes pièces une menace d'ampleur globale. Polymorphes, les réseaux transnationaux d'al-Qaïda et de l'État islamique montrent bien qu'il n'y a pas besoin de base territoriale pour monter des attentats outre-mer. Aujourd'hui, leur fluidité relativise d'autant les gains de l'opération Serval qui, en 2013, a empêché les djihadistes de s'enraciner dans le nord du Mali en les obligeant à rentrer dans la clandestinité et à s'enfuir dans les pays voisins.

La question n'est donc pas vraiment de savoir s'il faut partir, mais quand et comment. Nourries par l'expérience des opérations de paix des Nations unies, les modalités d'un désengagement sont déjà connues. Elles vont de l'arrêt brutal d'une intervention militaire, souvent sur un air de défaite, jusqu'à l'expulsion par le pays hôte en passant par le retrait gradué et plus ou moins planifié, à l'exemple des États-Unis en Irak hier ou en Afghanistan maintenant. Au Mali, le gouvernement français, lui, n'a jamais été très clair sur ses échéances et les conditions qui lui permettraient de proclamer la victoire et d'annoncer l'heure de la retraite. À présent, l'objectif semble plutôt être de ne pas perdre la face et de passer le relais à des troupes du G5 Sahel qui, pour l'instant, n'ont guère fait leurs preuves.

Il y a urgence. Entraînés par la France dans le bourbier malien, les casques bleus de la Minusma ne cachent pas leur lassitude. Ils connaissent un des plus forts taux de pertes enregistré dans les différentes opérations de paix menées actuellement dans le monde et ils ne voient pas de progrès sur le terrain. Au vu des restrictions budgétaires des Nations unies et de l'isolationnisme affirmé de la puissance américaine, il est possible qu'ils décident de réduire leur engagement, voire de se retirer complètement en maintenant une présence purement symbolique à Bamako, comme ils l'ont déjà fait en désespoir de cause au Sahara occidental ou, pendant un moment, en Somalie.

En pareil cas, la France serait laissée seule face à elle-même et à ses alliés africains au Sahel. Certes, des pays tels que l'Allemagne continueraient sans doute de se préoccuper de la situation car ils craignent que la crise du Sahel ne déverse un exode de migrants vers la Libye et la Méditerranée. Mais le retrait des casques bleus serait un constat d'échec qui pourrait enfin contribuer à lancer un grand débat public sur la responsabilité des équipes du président François Hollande et de ses successeurs dans la folle équipée de Serval puis de Barkhane. N'en doutons pas : les partisans de la poursuite d'un engagement militaire argueront alors que la France ne peut risquer de lâcher les gouvernements de la zone sans perdre ses positions au Sahel et apparaître comme un allié peu fiable. Le problème est que la réputation de l'ancienne puissance coloniale est déjà salie par les abus de la guerre contre le terrorisme. À tout prendre, ne vaut-il pas mieux mettre un terme à la mascarade en envoyant un coup de semonce à des alliés africains dont le comportement contribue à prolonger les hostilités ?

Indéniablement, un désengagement militaire de Paris constituerait un véritable électrochoc à l'échelle du Sahel. C'est l'argument majeur de tous ceux qui ont intérêt à ce que la guerre contre le terrorisme continue indéfiniment. Pour autant, il n'est pas sûr que les djihadistes gagneraient alors en puissance, jusqu'à s'emparer de la capitale du Mali après le retrait des Nations unies et des Français. Dans le Nord, il est probable que l'on reviendrait à une situation un peu similaire à celle de 2013, avec diverses bandes armées se disputant le pouvoir dans une région échappant au contrôle de Bamako. Mais une telle zone d'instabilité ne menace pas directement Paris, à la différence de la Libye, dont la situation aux portes de la Méditerranée est autrement plus préoccupante sur le plan stratégique. De plus, on s'illusionne à croire qu'aujourd'hui le gouvernement malien contrôlerait mieux le Nord grâce à la présence de l'armée française. En pratique, les services publics de base fonctionnent rarement, l'administration n'a pas vraiment été rétablie et, dans la région de Kidal, par exemple, ce sont les groupes rebelles qui continuent de percevoir des taxes, pas Bamako.

À l'analyse, il s'avère que tous les arguments présentés contre la fin de l'opération Barkhane sont contestables. Certains imaginent ainsi qu'en s'aggravant encore davantage, le conflit provoquerait un exode massif de Sahéliens vers l'Europe. Il convient pourtant de rappeler que, dans la région, l'essentiel des flux migratoires se dirige vers le sud et la façade Atlantique de l'Afrique de l'Ouest. Pour des raisons de proximité géographique, notamment, les Maliens vont plutôt au Sénégal et en Côte d'Ivoire ; les Nigériens ou les Tchadiens, au Nigeria. Contrairement au cas de la Somalie ou de la Syrie, les conflits de la zone n'ont pas non plus suscité une avalanche de demandes d'asile outre-mer. Les déplacements forcés sont restés contingentés aux pays alentour et on ne voit pas pourquoi il en irait autrement dans les années à venir, à moins de construire le chemin de fer transsaharien tant attendu depuis un siècle.

De plus, il y a lieu de revenir sur le scénario d'une internationalisation et d'une emprise grandissante de rébellions se profilant dans une région devenue un havre de terroristes aux portes du Maghreb et de l'Europe. En réalité, les problèmes de gouvernance, de performance et d'acceptation locale que rencontrent actuellement les troupes étrangères au Sahel se poseraient aussi à des djihadistes soudain venus en masse du monde arabe après avoir quitté l'opulence des pays riches de la rente pétrolière pour aller patauger dans les marigots du lac Tchad ou du delta intérieur du fleuve Niger au Mali. Quoi qu'on en dise, la région n'est en fait pas très attractive pour développer un sanctuaire durable et ériger en modèle un proto-État islamique révolutionnaire.

Il n'est donc pas évident que la menace « terroriste » serait plus globalisée si les soldats français en venaient à quitter le Sahel. Autant la poursuite de l'opération Barkhane risquerait d'entraîner la commission d'attentats en Europe pour se venger des répressions subies en Afrique, autant un retrait militaire de la France confirmerait très vraisemblablement les racines fondamentalement locales de rébellions qui se sont essentiellement nourries de problèmes de mauvaise gouvernance.

Au contraire, un désengagement de la communauté internationale pourrait en fin de compte se révéler salutaire en poussant les Africains à se prendre en main et en provoquant un sursaut national autour d'États en devenir. En dépit des atrocités commises, la menace djihadiste aurait alors

Conclusion

eu pour mérite d'inciter les Sahéliens à repenser leur rapport à la religion et à la tradition, d'une part, et à poser les bases d'un contrat social moins autoritaire et moins dépendant des anciennes puissances coloniales, d'autre part.

TABLE DES MATIÈRES

DEUXIÈME PARTIE :
DES ERREURS DE DIAGNOSTIC

Table des matières

Une guerre perdue

TROISIÈME PARTIE :
LES EFFETS INDÉSIRABLES

REMERCIEMENTS

Je tiens à remercier mon éditrice Anne-Sophie Stefanini pour son soutien amical, ainsi que les nombreux collègues et amis qui ont accompagné mes aventures intellectuelles et mes enquêtes de terrain. Je ne les citerai pas pour éviter de les compromettre !

CET OUVRAGE A ÉTÉ COMPOSÉ PAR PCA
IMPRIMÉ EN FRANCE PAR CPI BUSSIÈRE
00281 (SAINT-AMAND-MONTROND)
EN JANVIER 2020

POUR LE COMPTE DES ÉDITIONS J.-C. LATTÈ
S ,71 RUE JACOB – 60057 PARIS

**PAPIER À BASE DE
FIBRES CERTIFIÉES**

JC Lattès s'engage pour
l'environnement en réduisant
l'empreinte carbone de ses livres.
Celle de cet exemplaire est de :
800 g éq. CO$_2$
Rendez-vous sur
www.jclattes-durable.fr

N° d'édition : 02 – N° d'impression : 2049967
Dépôt légal : janvier 2020